圖解

LD(学習障害)
のすべてがわかる本

聽/說/讀/寫/算/推理

學習障礙(LD)
有效提升孩子學習力

暢銷修訂版

教養LD孩子最佳入門書

東京學藝大學
名譽教授
上野一彥/監修

高師大特教系主任
兼特教中心主任
蔡明富/審訂

蕭照芳/譯

新手父母

目錄

圖解學習障礙 有效提升孩子學習力

第一章 關於學習障礙，所有您想要知道的事 017

第二章 認識學習障礙，所有您必須知道的事 039

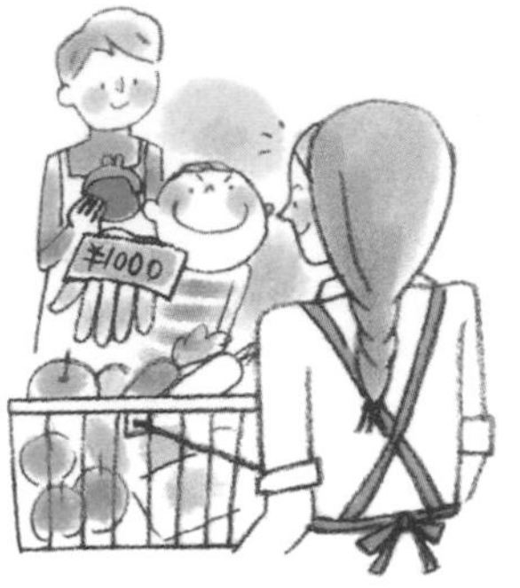

第三章 特別支援教育的開端

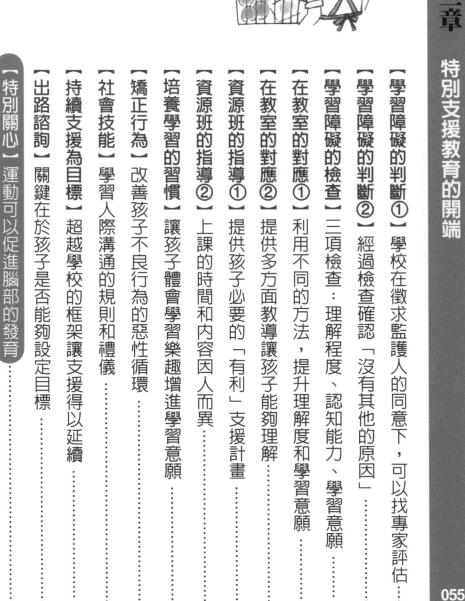

第四章 在教育方法和指導方式下功夫 081

推薦序①

了解孩子、幫助孩子

文／劉永寧

「學習障礙」這個在台灣已講了十幾年的專有名詞，直到今天還是有許多人不了解，而日本也是近幾年才開始重視這個問題，基於同是重視儒家思想的東方人，他們的狀況和我們是很接近的，不論是家族觀念、父母期待、社會認知，在某些方面和台灣幾乎相同，所以拿到《圖解學習障礙 有效提升孩子學習力》這本書時，令我非常好奇，一來想了解日本當地的看法，二來也想知道如何圖解。

了解學習障礙 為孩子開啓學習之窗

看完之後發覺這是一本很好的入門書，文字淺顯易懂，從學前開始，所會碰到的狀況、類型、產生的問題，到該如何尋求支援，及該如何教養，都有詳盡的說明，並伴有說明台灣的狀況和作法，讓人不會覺得是在看國外的案例。

更奇妙的是，作者將它圖表化、圖形化，加上運用Q＆A的方式，讓讀者很容易找到自己的問題並得到答案。大家都知道「早期發現早期治療」，藉著這本「軟性的工具書」，新手父母可以早一點注意到孩子的不同，盡早尋求協助，也藉著對「學習障礙」的了解，幫助他、了解他、教育他，幫他找到另一扇窗。

幫助學習障礙孩子 了解自己

也因為這本手冊有圖畫的輔助，我想大一點的學習障礙孩子也可以藉著這本書，來了解自己本身的問題，及該如何尋求協助，進而讓別人了解自己，改善與同儕之間的人際關係，也藉著了解自己，規畫最適合自己的路。

目前台灣進入少子化的時代，家裡的孩子少，沒有比較的對象，在「大雞晚啼」的觀念下，一些細節很容易被大人忽略，等到察覺不對時，已錯過了最佳時間，這是多麼可惜的一件事，所以一本好的教養工具書，能讓父母了解孩子，進而幫助他，並讓孩子了解自己進而接受協助，想想這是一本邊際效益極高的書，推薦給您！

（中華民國學習障礙協會理事長◎劉永寧）

推薦序②

教孩子學會為自己多做些什麼

文／許翠端

個人從事早期療育的多年經驗中，其實學習障礙的孩子並不是最難帶的。但每每在與學障孩子的家長諮詢的過程中，都看到家長滿臉的無助與絕望。

家長心中有太多的疑惑，不明白為什麼這麼簡單的事情孩子就是學不會？為什麼花了這麼多心思照顧養育的孩子會有「學習障礙」？要怎麼做才能讓孩子進步？要花多久時間才能把這個病治好？誰可以提供協助？孩子的未來怎麼辦？

用對的方法幫助孩子學習成長

其實，學習障礙並不意味著「不能學習」或是未來一定無法成功，只是他學習的方式可能會跟大多數的人不一樣。如果只是讓他們跟著大多數的人一起學習，很可能無法得到良好的效果。

從過去的實務工作經驗中，我們看到過許多學障的孩子在成長後一樣得到不凡的成就，雖然過程比別人艱辛，但只要用對了方法，有學習障礙的孩子一樣可以擁有光明的未來。

家中有學障孩子，家長的認知與協助將是決定孩子是否能夠克服學習障礙的關鍵。從發現問題到確認，常常已經花去許多年的時間，因為大家都在問：「等孩子長大一點是不是就會好？」，以致耽誤了療育發展的黃金期。又或者就算家長已經發現孩子的學習狀況有異，但也不知道該從何幫忙，只好讓孩子的障礙不斷地累積成更多的挫折。

提供家長簡單、實用的資訊

家長不是不願意瞭解孩子，而是這些知識與技術似乎是十分專業的。一本一本與學習相關的理論，看來非常艱澀，訓練孩子學習所需要的技術似乎也不是家長能夠獨立操作的，從發現孩子的學習障礙開始，接踵而來的狀況可能會讓家長陷入混亂，想做、該做、要做的事全理不出個頭緒來。

很高興看到這樣一本好書被翻譯成中文，以淺顯易懂的圖表來幫助家長認識瞭解孩子的障礙，並提供家長實用的建議，讓家長可以清楚的知道下一步可能有哪些選擇。除了為孩子多做些什麼，我們還能怎麼幫孩子學會「為他自己多做些什麼」。

學習障礙不是無法學習。在協助學障孩子成長的過程中，家長雖然不見得要懂得某一個療育技術的完整學術背景，但您必須知道有哪些資源可用、該怎麼求助、如何與專業人員配合等，最重要的是，家長必須要懂得如何跟有學習障礙的孩子互動，才能在日常生活中提供孩子真正需要的協助。

（敦南心智發展中心副技術長◎許翠端）

導讀

學習障礙孩子在台灣

文／蔡明富

在校園中有一群智力正常的學生，不是因為教學或環境不當的因素，而是由於腦神經心理功能受損，導致他們可能出現在聽、說、讀、寫、算等學習方面，一項或多項的學習困難，使得他們的學習表現不盡理想。

上述的學習困難狀況，極有可能是「學習障礙」（Learning Disabilities，簡稱ＬＤ）所導致的。ＬＤ學生在台灣的出現率約有3至5％，可見這類學生出現率頗高，值得教育界重視。

不過，一般老師或家長在接觸這類學生時，常認為這些學生之所以未能完成作業是因為不認真或是太懶惰的緣故，並給予責罵或處罰，久而久之，可能使學生的心理成長受打擊，對學習產生厭惡而逃避。

特殊教育體系給予的協助

在台灣的教育體系，已經愈來愈重視這類學生的需求，並規畫完善的「特殊教育」來輔助這些學生，誠如教育部於民國九十一年「身心障礙及資賦優異學生鑑定標準」中即明確規範，學習障礙屬於特殊教育服務對象之一，必須提供此類學生特殊教育的協助。（鑑定流程請參見第11頁）

如果您懷疑自己的學生或孩子為學習障礙者時，可以先蒐集學生學業表現的資料，以及在認知能力（如智力測驗）與學習能力（如閱讀、識字、寫字、數學測驗等）之評量結果，以確認其學業成就是否低於該年級表現。

其次應再了解其是否具有各項內在能力的差距（某些能力還不錯，但某些能力低落），或處理學習內容過程有困難（注意力、記憶力、概念形成等）。接著可以透過教師實施調整教學（如改變教學、評量方式等），來了解普通教育輔導是否有顯著成效。

如果孩子經由普通班補救教學後成效仍有限，最後可由學校提報至各縣市政府「鑑輔會」進行綜合研判是否屬於所謂學習障礙學生，如被轉介並經鑑定符合學習障礙資格後，將可接受特殊教育的服務，並由相關專業人員為其擬定個別化教育計畫。

教育鑑定單位：
由各縣市政府特殊教育學生鑑定及就學輔導委員會（簡稱鑑輔會）鑑定。

鑑定流程：

轉介

由校內教師或家長提出轉介。

↓

評量

蒐集相關學業表現資料，及學生在認知能力與學習能力之評量結果並確認。

↓

補救教學

透過教師實施補救教學，了解普通教育輔導是否有顯著成效。

↓

綜合研判

補救教學後成效仍有限，最後由各縣市政府鑑輔會綜合研判是否屬於學習障礙（LD）。

↓

個別化教育

鑑定符合學習障礙（LD），接受特殊教育的服務，並由相關專業人員爲其擬定個別化教育計畫。

這些被鑑定為LD的學生除在學校普通班接受一般教育以外，部份時間會到「身心障礙資源班」接受學習策略、專注力的訓練。如果學生另伴隨社會適應困難，此時也需要提供社會技巧訓練課程。而本書中所提及日本的學校教育為學習障礙學生提供的「特別支援教育」，即類似於台灣的「特殊教育」。

善用諮詢網路 培育身心健康的孩子

學習障礙學生除了接受學校教育服務以外，教育部特殊教育工作小組也補助全國大學「特殊教育中心」設立諮詢專線（詳見附錄），協助解決教師與家長教育這群學生遇到的困境。

此外，國內也成立「中華民國學習障礙學會」、「各縣市學習障礙協會」等，提供許多家長教養子女的寶貴資源。

根據本人過去輔導此類學生經驗，由於學習障礙是屬於隱性障礙，無法從外顯行為去判斷，故教師與家長常誤解這群學生的學習成就低落是來自不夠用功、不專心或沒動機，因而造成其學習產生挫折感，進一步影響其人格成長及心理健康。

因材施教發揮潛能

雖然這些學生的障礙是伴隨終生的，但是只要給予適當的教育策略，他們還是可以發揮自己的潛力，開拓美麗的人生。

針對這群學生的教育，首先需要親師共同努力先發現學生是否屬於「學習障礙」，以釐清親師對學習障礙學生的誤解，再根據其教育需求，規畫不同的學習策略，以改善其學習困難。此外，也要隨時發現學生的學習優勢，適時引導以利發揮其潛能。

本書的出版，將有助於教師與家長對「學習障礙」學生的症狀有所認識，並提供許多實際有效的協助策略。相信在親師合作下共築學習鷹架，並根據學習障礙學生特質截長補短，突破學習困難，可幫助更多學習障礙學生。

（高雄師範大學特殊教育系助理教授◎蔡明富）

作者序

理解並協助有學習困難的孩子

日本自二〇〇七年開始實施「特別支援教育」（台灣稱「特殊教育」）。以學習障礙（ＬＤ）為首，針對那些在教育方面有需要特別考量的孩子，盡量給予細心的指導，因此得到各方熱烈的迴響。

而我個人與學習障礙的相遇，則要追溯到四十多年以前，當時我不但沒有聽說過學習障礙這個名詞，甚至連有些孩子會因為認知上的偏頗而造成「學習困難」的情況也一無所知。

學習障礙的孩子在一視同仁的教育體系中完全被犧牲，而且社會大眾也把教育這些孩子的責任完全委託給導師。不過，隨著大家對學習障礙的理解越來越多，要求應該針對學習障礙的孩子給予適當教育的聲浪也越來越大，最後終於撼動了教育行政體系，而使得情況有所改變。

雖然學習障礙的孩子無法像其他孩子一樣的學習，但是只要有配合他們的教育方法，相信他們也可以快樂地學習。關於學習障礙的教育觀點，我個人認為，一定得要配合每個孩子不同的個性，給予不同的指導才行。

過去的級任老師在教育學習障礙孩子時都是孤軍奮戰，如今有特別支援教育，以學校為單位提供支援。除此之外，在這個組織架構下，對象不光只針對學習障礙的孩子而已，同時也配合有各種不同需求的個案，如發展遲緩、自閉症等給予細心的指導。

本書主要是以介紹學習障礙的相關基礎知識為主，同時也詳細解說特別支援教育提供的協助，以及學習障礙孩子的具體指導方法、社會技能等的學習內容等。

事實上，提供學習困難的孩子「特教班」或「資源班」，就如同沙漠中的綠洲一樣；期盼特別支援教育體系，能成為學習障礙孩子的跳板，讓他們能早日回歸到普通班級上課。

本書最大的願望，無非是希望能藉此幫助那些有學習障礙的孩子，以及讓大家對特別支援教育有更多的理解。

（日本東京學藝大學教授◎上野一彥）

什麼是學習障礙（LD）？

為Learning Disability的簡稱，
中文譯為「學習障礙」。

Q1 ＬＤ是醫學名詞嗎？

A1 不是。
它是教育用語。

LD是指學習障礙。不過，因爲「障礙」這個名稱很容易遭誤解。因爲醫學名詞Learning Disorder，也稱作學習障礙，但主要是指針對在閱讀、寫作、算數這三方面有學習困難的孩子。而教育用語所涵蓋的學習障礙範圍比較廣泛，本書則是用學習障礙來表示。

學習障礙在教育及醫學上的分野

教育上的學習障礙	醫學上的學習障礙（根據美國精神醫學會DSM-IV-TR的分類）		
	閱讀障礙	書寫障礙	數學運算障礙
學習障礙的孩子，基本上，在整體的智力發展上，並沒有遲緩的現象，只有在聽、說、讀、寫、計算、推理的學習方面，針對某一項出現很明顯的學習困難情況。 導致學習障礙的原因，一般認為，是因為某一部分的中樞神經功能受損，與環境並沒有直接的關係。	Ⓐ在個別標準化測驗中的閱讀正確性或理解等閱讀成就，明顯低於其實際年齡、智力、或教育程度應有的預期表現。 Ⓑ標準A所出現的情形明顯影響個案的學習成就，或日常生活中需要用到閱讀技巧的活動。 Ⓒ假如個體有其他感官上的缺陷，則其閱讀困難會遠超過其感官缺陷所造成的程度。	Ⓐ個別標準化測驗（或書寫能力的功能性評量），明顯低於個案實際年齡、智力及教育程度應有的預期水準。 Ⓑ標準A所出現的情形嚴重影響個案的學習成就，或日常生活中需要用到寫作的活動（如：無法寫出正確語法的句子，或條理分明的短文）。 Ⓒ假如個體有其他感官上的缺陷，則其書寫能力上的困難會超過其感官缺陷所造成的程度。	Ⓐ個別標準化測驗中所評估的數學能力，明顯低於個案實際年齡、智力及教育程度應有的預期水準。 Ⓑ標準A所出現的情形嚴重影響個案的學習成就，或日常生活中需要用到數學技巧的活動。 Ⓒ假如個體有其他感官上的缺陷，則其數學能力上的困難會超過其感官缺陷所造成的程度。

編註

假如有神經性或其他醫學上、感官上的問題情況出現，則應屬於Axis Ⅲ。

關於學習障礙還有很多經常被誤解的地方，以下將比較常被問到的四個問題提出作說明。

Q2 學習障礙是一種新的障礙嗎？

A2 不是。

「學習障礙」這個用語原本就已經存在。它是指一些在教育上有需要特別考量的孩子。

Q3 學習障礙是否與父母的教養方式有關？

A3 沒有關係。

由於學習障礙的孩子對事物的認知能力，或是理解能力都有缺陷，因此無法像一般正常的孩子一樣，採用正規的學習方式，必須要多花費一些工夫才行。因此，並不是因爲父母的教養方式所造成的。

Q4 學習障礙是否與遺傳有關係？

A4 目前並沒有直接的數據顯示學習障礙與遺傳有關。

造成學習障礙的原因，至今仍然不是很清楚。但有一種說法是，學習障礙與嬰兒出生時體重過輕，以及出生後的照顧有關，如曾遭腦傷等。雖然並沒有研究證明，它與遺傳有關。不過，就如同親子的樣貌極爲相似一樣，腦部的功能和發展的確有可能也是非常類似的。

Q5 患有學習障礙的孩子未來是否能夠獨立自主？

A5 視每個孩子的情況而定。

所有的孩子都可以選擇適合自己的出路，所以每個有學習障礙的孩子，其出路也是因人而異的。不過，由於學習障礙的關係，大多數都會有就學或就業上的困難，所以還是應需配合不同孩子的需求，提供個別的完整支援計畫。

何謂特別支援教育？

日本從2007年4月開始實施「特別支援教育」，希望能延續特殊教育理念，提供孩子更多更廣泛的支援。

Q1 與特殊教育僅是名稱不同嗎？

A 不是。

特殊教育主要是根據不同的障礙名稱，來區分所要支援的對象。至於從2007年開始在日本實施的特別支援教育，則是針對「有某種特殊需要的孩子」提供支援，因此可以提供更多樣化的援助。

Q2 有重度障礙的孩子就無法成為支援的對象嗎？

A 不對。

特別支援教育所提供的支援對象，主要是針對所有在教育上有特別需求的孩子。因此，跟障礙程度的輕重或類型並沒有直接的關係。包括過去制度並未提供援助的對象，像是學習障礙等輕度發展障礙在內的孩子，也有提供支援。

學習障礙在台灣

台灣在1998年修正特教法，將學習障礙列入身心障礙類別之一，學習障礙的學生可以享有特教法的保障；但目前只有在特殊教育資源班接受服務，並無特別設立學障特殊班或特殊學校。

Q3 具有什麼優點？

A 可以配合孩子的特性，提供支援。

不會受到障礙種類的限制，可以配合孩子的特性，擬訂適當的支援計畫。如此一來，就可以改變孩子的個性。就這一點來看，特別支援教育是一套可以善用每一位孩子個性的計畫。

第一章

關於學習障礙，所有您想要知道的事

當您懷疑自己的孩子可能有學習障礙時，
應該如何教育、教養或是跟孩子相處？
本章將介紹所有您想知道及應該知道的事。

Q1 爲什麼偏偏只有我家的孩子有學習障礙？

A：目前在日本就讀中小學的學生當中，約有4.5％的孩子有學習障礙的傾向。

早期學習障礙孩童遭忽略

雖然「學習障礙」這個名詞是最近十年才逐漸被大眾所了解，但事實上，以前就已經有很多孩子有學習障礙的特徵。只不過，過去教育體系並沒有讓這些孩子接受完整的支援教育，而是讓他們的問題被埋沒在一般的教室中。

根據日本在二〇〇五年所作的一項調查顯示，在一般中、小學的班級當中，疑似有學習障礙的孩子大約就占了4.5％左右。

有些個案是就學後才被發現

由於學習障礙的情況因人而異，個別差異很大。因此，它所出現的訊號也是形形色色。有些孩子是從幼兒期就開始出現語言發展遲緩的現象，有些則是在幼兒期沒有明顯的特徵，直到上小學之後才發現問題。

資源班的兒童和學生的人數

根據日本從普通班級到特教班的學生人數調查中可以看出，從1993年開始，利用資源班的學生人數有逐年增加的趨勢。

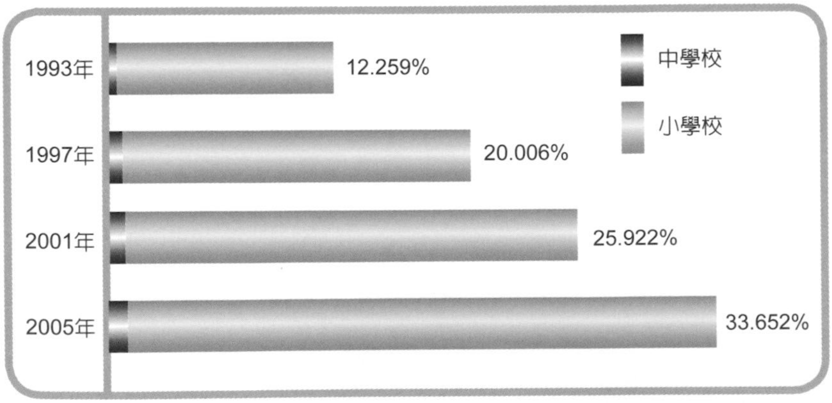

1993年
12.259%
1997年
20.006%
2001年
25.922%
2005年
33.652%
中學校
小學校

學習障礙在台灣①

目前在台灣就讀中小學的學生當中，約有3%～5%左右的孩子有學習障礙的傾向。

學習障礙在台灣②

台灣的情況也是如此，根據教育部1999年的統計顯示，學習障礙學生的人數有明顯增加的趨勢，在87學年度中，學習障礙學生的人數有21,115人，占所有身心障礙學生39.45％。

家長一定要注意的幼兒期警訊

孩子每天從吸收許許多多的事物中慢慢學習成長。但提醒您注意的是，通常有學習障礙的孩子，從幼兒時期就會開始出現一些零零星星的徵兆。

- □ 很慢才學會開口說話。
- □ 記不住文字、無法正確書寫。
- □ 笨手笨腳。
- □ 常常跌倒。

幼兒期

有些比較小的孩子總是做不好一些日常生活的小動作，像是摺紙、打繩結、扣鈕釦等。

令家長煩惱的學齡期警訊

開始上學之後，您會發現孩子跟同儕之間的學習力有明顯落差，或是無法適應團體生活等。此外，還會陸續發現一些有別於幼兒期的其他問題。

學齡期

□ 想要好好用功，但常常心有餘而力不足

孩子並沒有偷懶，但是如果用和其他孩子相同的方式來學習，就是怎麼樣也學不會，學業成績難以進步。

□ 與同學之間的相處問題很多

在學校的人際關係不好，很難結交到朋友，無法適應團體生活的規則等。此外，很多孩子還有不少「學習」以外的問題。

再怎麼努力用功，還是跟不上學校的進度，如果這種情況持續下去，孩子恐怕會逐漸失去學習的意願。

Q2 當孩子出現學習障礙徵兆時，該找什麼人商量？

A：不妨先找學校的老師商量，即使是在入學之前也沒關係。

建議先找身邊的老師商量

日本從二〇〇七年度開始實施的特別教育支援，就是以學校作為提供家長諮詢的窗口；同時透過學校幫忙家長介紹這方面的專家。

以往的做法是如果孩子尚未就學，通常會找當地的教育中心或是兒童諮詢中心諮詢。但如今，即使是在就學之前，還是可以找孩子預定就讀的學校商量。

上學後可以獲得的援助更多

如果要帶孩子去做更詳細的檢查或找專家諮詢，也可以透過學校轉介；然後再依專家的建議，配合孩子的特性給予適當的指導。

雖然有些家長會帶孩子重覆給不同的醫生看診，但是，學習障礙的基本因應對策是在教育方面。因此，最好的方法就是先找附近學校的輔導老師商量。

學校是提供支援的窗口

關於學習障礙的諮詢，每所學校都設有提供諮詢的窗口。

學校

在一般的班級就有採取因應措施，會依照年級給予指導。

專家的援助

配合孩子的特性，請專家提供意見，像是指導的方法等。

特別支援學校

請有經驗的老師到每所學校巡迴指導，提供教學的方法。

學習障礙在台灣

在台灣是由各直轄市、縣（市）政府的「特殊教育學生鑑定及就學輔導委員會」負責相關事宜。

可以活用的 6 大支援網路系統

家人

除了在家家長會注意孩子的狀況之外，最近增加的案例都是透過學校的連絡轉介而來的。

●如果尚未入學

可以找預定學區的學校商量，或是兒童諮詢所、教育中心，或大學附設的特殊教育諮詢中心。

托兒所或幼稚園

有些托兒所或幼稚園跟當地的小學有連結網路系統。在這種情況下，就可以透過他們的幫忙，介紹即將就讀小學的導師。

社區的兒童諮詢所、教育中心

近來許多公共的教育中心或是諮詢所，都有增設LD的檢查。甚至有些還有設置治療或指導的部門。

即使是在入學前，還是可以找當地學校的校內委員會商量。

校內委員會、特別支援教育的協調人

需要支援的孩子，可以找學校裡面負責指導的輔導老師提供幫助，先經由初步篩檢；之後再檢視是否須仰賴專家團隊的判斷。

●如果是入學之後

就先找孩子就讀的學校商量吧！

班導師

要常跟班導師交換訊息，關於孩子平常在家中或學校的狀況及學習情況等，彼此要有共識；同時要檢討是否有必要找專家諮詢。

專家團隊

設置在地區教育委員會中的組織。針對有向校內委員會提出申請的孩子，提供必要的援助，同時給予具體指導方面的建議。

專家說：

專家團隊稱為專門委員會，根據地區的不同，組織的編制多少會不太一樣。

Q3

被人問：「孩子該不會是有病吧？」讓我感到很不安。

A：雖然原因還不是很清楚。不過，學習障礙被認爲是發展障礙的一種。

發展的速度因人而異

與他人之間的互動，或在團體生活臨場的反應如何，每一位學障孩子的發展程度，都是不相同的。

容易被其他的事物吸引，放棄原本正在做的事情

專注力也是孩子發展的能力之一。學習障礙的孩子專注力較薄弱，在與他人講話講到一半時，就會因爲聽到、看到其他新奇的事物，而馬上就轉移注意力。

一直努力，但心卻早已不知飛向何處

明明知道「現在不可以做其他的事情」，但是注意力卻早已不知飛向何方了。

上課時分心，想其他的事情

乍看之下似乎乖乖在聽課，其實腦海中正在想著其他的事，並沒有專心聽老師上課。

可以排除雜音，集中精神

注意力非常集中，可以排除一切不必要的刺激（外面的雜音等），專心「做自己該做的事」。

學習障礙是會持續的現象

對於身邊所發生的事情，我們會做取捨，看哪些是必要做的，哪些是沒有必要做的。雖然這些活動幾乎都是在無意識下進行的；但事實上，在處理的瞬間，大腦必須要處理很多的訊息。

如果在這過程中的某個環結出現問題，那麼孩子在學習或溝通能力上就會出現某種缺陷。就發展障礙而言，這種缺失並不是暫時的，而是會一直持續下去的現象。

判斷學習障礙的 5 項要素

在判斷孩子是否有學習障礙以及在進行指導時，要考慮到各種不同的因素。

上體育課像是跳繩、跳箱、球技等，孩子都感到非常困難。

針對學習障礙的因應對策

應該給予全面的支援，不光只是著重在與學習方面有關的重要特徵而已，還有它所伴隨的各種不同障礙。

語言的障礙

無論開口說話或聽人家說話，都無法順利與他人溝通。

運動的障礙

對運動感到非常棘手，如字寫得不好或寫得很慢等，有些則是手的動作不夠靈活，對需要手巧的運動都感到非常棘手。

醫學上的學習障礙

在閱讀和書寫上有困難的失讀症（dyslexia），或是對算數特別感到棘手的類型。

對學科有理解障礙

雖然沒有學習成就低下或翹課等的問題，但是成績就是無法提升。有些可能只有一、兩科功課不好，有些則是全部的學科都很差。

人際關係的障礙

無法融入團體活動，或常因為無法遵守團體的規則或順序等，而經常在班上惹麻煩。

造成學習障礙的原因仍不明

雖然學習障礙是發展障礙的一種，但是它的成因為何，至今仍然不是很清楚。不過，一般認為有學習障礙的孩子，可能是因為大腦在接收外在的訊息時，腦部的認知過程（認知功能）出現某種缺失的關係。

因為學習受挫而衍生出的各種問題

醫學上對學習障礙的定義是「在閱讀、寫字、算數等方面，出現特別困難的情況」。

不過，在本書中所提到的學習障礙，還包括跟人說話的「溝通能力」在內。有學習障礙的孩子，不光是在學習上有困難，甚至在團體生活中都很容易引起各種問題。因此，必須給予多方面的指導和支援。

Q4 學習障礙和注意力缺失過動症（ADHD）間有什麼不同？

A：雖然兩者有重疊的部分，但嚴格來說，兩者是完全不同的。

注意力缺失過動症及高功能自閉症的特徵

注意力缺失過動症及高功能自閉症有以下的行為特徵，家長可藉此來判別兩者間的異同。

注意力缺失過動症

以下將注意力缺失的特徵及過動症的特徵，分開來說明，以方便家長了解。

注意力缺失的特徵

- □大多注意力不集中
- □注意力無法持續
- □跟孩子說話時，他好像都心不在焉
- □無法完成該做的事
- □無法按照順序整理
- □討厭需要傷腦筋的事
- □很容易因外在的刺激而分心
- □常把每天的作業忘得一乾二淨

過動症的特徵

- □手腳會動來動去、坐立難安
- □應該坐著的時候卻站起來走動
- □喜歡跑來跑去
- □無法安靜下來玩耍
- □無法一直坐著不動
- □很愛說話
- □還沒等到人家問完問題，就開始自顧自地說話
- □不喜歡排隊等待
- □常常打擾到他人

高功能自閉症的特徵

指的是自閉症中沒有智能遲緩的類型。

- □有人際關係的障礙
- □在使用語言或表情上有困難
- □有某方面的執著或嗜好的偏頗
- □大多對於視覺、聽覺或嗅覺等，都很敏感

兩者都容易造成學習上的困難

這兩種情況都可能造成學習上的困難，尤其是注意力缺失過動症的孩子，由於有行為上的困難，因此很難讓他們集中精神，專注在學習上。除此之外，由於有認知上的缺失，因此孩子無法用和其他正常孩子一樣的方法學習。

共通點：學習上都有困難

注意力缺失過動症（ADHD）或高功能自閉症，跟學習障礙同屬於發展障礙的一種，因此有很多重疊的部分，如：注意力渙散、認知上的缺陷等的特徵，容易造成學習上的困難。

整體來看，其實有很多學習障礙的孩子也會出現行為方面的困難。不過，如果是在行為上比較沒有問題的孩子，即所謂「乖巧型的學習障礙」，就很容易遭受忽視。因為這些孩子的行為特徵並不是很明顯，所以等到問題被發現時，往往已經為時已晚。

應該重視具體的對應方式而不是病名

針對注意力缺失過動症或高功能自閉症等有發展障礙的孩子，在採取醫學方面的治療時，最重要的就是正確的診斷。不過，診斷只是因應措施的開端而已；重要的是，配合孩子的特性，擬定支援的對策、給予協助，如此的診斷才有意義。

學習障礙和注意力缺失過動症重疊的部分

以下的圖表是以日本一般公立中、小學的老師為對象，調查有學習障礙、注意力缺失過動症、高功能自閉症特徵的孩子，在班上所占的比例。這份調查報告並沒有透過專家的判斷，而是以在教室的實際感受為主所做的調查。由此可見，的確有很多孩子需要教育方面的協助。

在上課時，會出現某方面困難的孩子約占6.3%

學習障礙 4.5%
有學習方面的困難

注意力缺失過動症 2.5%
同時有兩方面的困難

高功能自閉症0.8%
有行為方面的困難

注意力缺失過動症的特徵是無法安靜下來、注意力渙散等；而人際關係不好，有強烈獨特的執著等，則是高功能自閉症孩子的行為特徵。

若遭忽略可能導致更多的問題

由於學習障礙的類型或困難的程度因人而異。因此，如果在課業上有「不明白」的地方，卻沒有讓周圍的人知道，而是自己默默承受，久而久之可能就會出現其他問題。

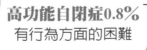

Q5 當醫生說孩子有「障礙」時，我很震驚，該如何協助孩子？

A：提供孩子適當的援助，發展孩子的個性和專長，才能幫助孩子。

分類不是重點

為了讓支援計畫順利運作，因此才不得已對孩子進行分類。但是，不要太在意名稱，應該要擬定對策、全力發展孩子的潛力，才是真正的對孩子有所助益的做法。

再怎麼努力用功，學習程度還是趕不上其他的孩子。在這種情況下，必須配合孩子，給予特別的指導。

- **可以看到符合孩子年齡的發展**
- **整體的發展有遲緩的現象**

學習障礙或注意力缺失過動症、自閉症等的發展障礙

對在學習方面有下列困難的孩子，給予必要的指導。

□學習的步調稍微緩慢

□對特定的學科感到棘手

□學習方法、社會性有偏頗

- **身體方面有殘障**

如果對孩子不拿手的科目放手不管，就很難協助他培養出自尊心和成就感。

每個孩子都有偏頗的地方

由於學習障礙的類型或困難的程度因人而異。因此，如果在課業上有「不明白」的地方，卻沒有讓周圍的人知道，而是自己默默承受，久而久之可能就會出現其他問題。

命名是為了提供協助的管道

當父母聽到自己的孩子有學習障礙或疑似有「學習障礙」時，想必一定深受打擊。當學習障礙這個名詞剛開始被使用時，就引起不少反彈的聲浪，認為何必多此一舉，多增加一個新的障礙名稱呢？

但其實在考量用學習障礙這個名詞之前，就已經存在許多有學習障礙特徵的孩子了。為了要提供這些孩子適當的支援，不得不讓他們接受正確的鑑定，判定他們最感到棘手的科目是什麼。

因此，唯有知道孩子有學習障礙，才能為他尋求更適當的協助。

支援應該依個性、年齡而彈性調整

學習障礙的必要支援就是針對孩子的個性給予協助。當然，針對孩子感到棘手的科目，給予協助或加強也是必要的支援。不過，不僅如此，還要幫助孩子發展他的優點，讓他能夠自立。

根據孩子的個性或專長選擇適合孩子的出路

學習障礙的孩子也有各種不同的出路。不要受到學習障礙的影響，周圍的人應該配合孩子的個性或是專長，幫助他選擇適合他的出路。

目光不應該侷限在「會做的事情」而已，而是應該放在「想做的事情」上。

您可以給予的協助

● 提供適當的指引

您不必替孩子決定他未來的出路，只需要培養他可以自己思考，有決定自己未來的能力即可。不要害怕孩子會失敗，更重要的是幫助他，讓他有克服失敗的勇氣。

● 協助孩子獲得雇主的諒解

除了工作能力之外，人際關係或行爲上的執著等，也是要列入考量的要點。最理想的方式，就是先讓雇主對學習障礙的孩子有一定的理解，如此才能幫助孩子發展他的社會技能。

最終的目標是……

● 追求經濟上的獨立

無論是就學或是就業，都不應該採取被動的態度，而是要爲孩子規畫未來的藍圖。在選擇職場時，除了活用自己的專才，做他想做的事外，同時也要協助他了解自己不擅長的事，然後下工夫去加強。

● 善用孩子的特長

把自己最擅長的技能，當作未來就學或就業的工具，如此一來，不僅更有幹勁，在達成目標時，也可以增加自信心。

Q6 孩子為什麼會有學習障礙，是否是我的教養方式不對？

A：造成學習障礙的原因，幾乎跟教養或環境沒有任何關係。

學習障礙是腦部功能異常所導致的嗎？

我們是透過腦的作用來認識事物。腦的網路系統非常複雜，它的運作是靠著一些微妙的平衡而成立的。至於學習障礙，則被認為是腦部發生一些些微的故障所導致的。

中樞神經出現某些問題

中樞神經是連接腦和脊髓等的器官，它的作用相當於控制我們身體各部位功能的指揮中心。像學習障礙等的發展障礙，一般的說法是因爲中樞神經的功能發生小小的異常，導致無法正常接收來自外界的訊息。

因爲認知的偏頗，對學習方法產生很大的影響。

處理外界的刺激、訊息的功能出現異常

從接收訊息、判斷，到採取適當的行動，在這一連串的過程中，有某個環節出現異常，因而產生判斷錯誤，或是採取不適當的行爲。而根據功能受損的部位不同，所產生的學習障礙也不盡相同。

常常會看錯或是聽錯

常常看錯或聽錯非常類似的文字；或是漏聽的情況很明顯。

對空間的掌握度感到棘手

對空間的掌握不佳，如果要畫立體形狀的東西時，不是畫不出來，就是要花很長的時間。

對推測或推理感到棘手

無法將視覺所見的事與事實之間做連結，建立屬於自己的推論。

對記憶感到棘手

記憶力出現偏頗，對某些特定的領域無法默記等。

男孩高於女孩

不光是學習障礙而已，還有注意力缺失過動症、高功能自閉症等，似乎是男孩發病的機率高於女孩。根據學習障礙的相關資料顯示，出現在男孩身上的機率大約是女生的四倍。

至於引發學習障礙的原因，雖然有一種說法是跟出生時的體重或是體質有關。不過，至今仍然沒有詳細的定論。但無論如何，唯一可以肯定的是，它跟教養孩子的方式，或環境並沒有任何直接的關係。

與其追究原因 不如思考因應對策

有些父母一知道自己的孩子有學習障礙的傾向之後，不是太過自責，就是一味地去追究原因出在什麼地方。

由於造成學習障礙的原因，至今仍不是很清楚。因此，即使努力去找尋原因，恐怕也是白費力氣。所以最重要的不是找原因，而是了解孩子的特性，給予必要的幫助和支援。

學習困難會以各種不同的形式出現

學校對孩子而言，是他生活中一個相當重要的場所。尤其是現代社會，家長特別重視孩子的學業成績。但有學習障礙的孩子，很容易在學校出現各式各樣的問題，讓家長傷腦筋。

在基本的學習能力上出現一些困難

如果孩子對於接受外界的刺激太過偏頗的話，就會影響他在團體中的學習能力，同時也會造成與同儕間的學習落差。

整體的學業成績無法提升

像是閱讀能力或寫字能力等，如果在這些基本的學習能力上出現偏頗，就可能會影響到全部的科目。此外，有些孩子的學習障礙情況是依照學科的不同而有所不同，大致上分為擅長和棘手的科目。

同時也無法融入校園生活

一旦學習能力不好，就會變得沒有自信。如此一來，孩子的自尊心就很難養成。此外，如果在行為上出現問題，那麼可能在班上就會受到同學的孤立或是欺負等，而衍生出更多的問題。

Q7 為什麼孩子就是學不會？讓我感到心急如焚！

A：他之所以學不會，並不是因為本人不夠努力的關係，而是有學習障礙。

千萬不要拿孩子跟別人比較

有些有學習障礙孩子的家長，會埋怨自己的孩子：「怎麼就是學不會？」而感到非常不耐煩。但是，相信孩子本人應該會更加痛苦才對。

其實就算沒有學習障礙，每個孩子的學習、成長情況本來就有個別差異。如果老是拿自己的孩子跟別人比較，只會對孩子本人造成傷害。

此外，千萬不要有「沒辦法，因為孩子有學習障礙所以學不會」的想法。不要把學習障礙當作學不會的藉口。

不妨思考一下目前能夠做的事

學習障礙的孩子需要的，不只是「加油」這一句鼓勵的話而已。父母應該要具體地告訴他，「用什麼方法去努力才對」。父母應該把眼光放在培養孩子的能力上，多增加孩子會做的事。

父母要避免出現不良的情緒反應

一旦父母對孩子感到不耐煩或是想要放棄時，可能會拿孩子當出氣筒，而無法做出適當的處置。因此，父母應該要注意自己的情緒反應。

不安

不知道老師在學校，有沒有認真地教導孩子？

→胡亂地怪罪他人，是毫無意義的。

焦慮

為什麼孩子就是無法按照我說的去做？

→不妨想想該怎麼做，才能夠讓孩子比較容易了解您的想法。

放棄

不管我怎麼做，都是白費力氣？

→一定有適合孩子的方法。

把「為什麼」變成「該怎麼做」

一直去想「為什麼」孩子會有學習障礙，孩子的情況也不會好轉。還不如轉念想想該怎麼做才能幫助孩子，您不妨試著跨出第一步。

最好讓身邊的家人都知道孩子在學校的情況。

1 了解愈多，愈能減輕內心的不安

●了解學校的運作方式

最好先知道孩子在學校的情況如何，接受什麼樣的指導。

●利用特殊教育中心或是家長會等

事先知道有哪些可供諮詢的對象或場所，會比較安心。如果對學校的老師難以啓齒的話，不妨利用特殊教育中心或是家長會。

2 設法排除心中的焦慮

●改變表達的方式

舉例而言，如果孩子有聽覺方面的困難，不妨改用寫的或是親自示範的方式告訴他，讓他了解。

●幫助孩子發展他比較擅長的事

不要只是看到孩子不會做或不擅長的事；而是應該幫助他發展他比較擅長的科目。

不要忽視孩子的小小進步，應該給予具體的稱讚。

3 看到成果就不會感到焦慮

如果看到孩子已經學會或是達成目標時，應該要適時地給予稱讚，藉以降低彼此的焦慮感。

Q8

不知道孩子自己本身的感覺如何？

A：要多關心孩子的痛苦。

孩子的心理

如果孩子很少有成就感或是獲得他人的稱讚，就很難培養出自尊心或是自信。

雖然外表看起來很有活力，
但內心卻不一定是如此。
煩惱自己跟別人不一樣
很難培養自尊心
無法獲得成就感

隨著年紀增長，痛苦也會增加

孩子的各項能力會隨著年齡的成長，經過反覆不斷地學習、累積，直到定型。但對有學習障礙的孩子而言，卻會隨著年級的增加，逐漸累積學習上的困難。此外，隨著年齡增長之後，他也會日益發覺自己與同儕間的差異。

學習障礙的孩子不光只有學習方面的困難而已，他們也會有情緒表達上的困難，無法作出自我評價。

尤其像是注意力缺失過動症等，在行為方面有困擾的孩子，更難發現他們內心隱藏的情緒性問題。此外，有些孩子可能會為了隱藏內心的不安，而故意採取反抗的態度。

因此，家長應該多注意孩子的情緒，了解他們心中的不安或是疑慮。

要特別注意以下的一些言語

有些話原本是基於一番好意，想要鼓勵孩子，但是聽在孩子的耳中，可能就不是那麼一回事。

✖ 只要努力就一定辦得到！

✖ 從現在起要好好努力！

孩子的心情

到底要怎麼樣努力才對？

↓

學習障礙的孩子所要面對的，並不是努不努力的問題。

✖ 明明其他的孩子都做得到。

✖ 爲什麼你就是做不到呢？

孩子的心情

我也很想要努力啊！

↓

只看結果而不看過程，只會增加學習障礙孩子的痛苦。

✖ 要在社會上立足只要會唸書就夠了。

✖ 爲什麼你就是學不會？

孩子的心情

我也希望把書唸好啊！

↓

削減學習障礙孩子的幹勁，讓他喪失想要努力的決心。

✖ 等你長大之後，自然就會了。

✖ 只要你堅持下去，總有一天一定學得會！

孩子的心情

總有一天，到底是哪一天？

↓

隨便地安慰他們，只會使他們產生不信任感。

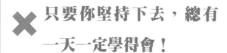

Q9 關於教育方面，我應該要注意哪些事情？

A：要注意孩子的學習步調和想法。

不要過與不及

父母對孩子的學校教育，究竟應該要關心到哪種程度比較好？這個問題無法一言以蔽之。不過，父母的確不能認為教育是學校單方面的事，在家一概放任不管；或是相反的，在家一直逼孩子用功唸書。這兩種太過極端的做法，對孩子都不好。

要選擇適合孩子的方法

學習障礙的孩子在接受特別支援教育所提供的指導之後，有些會收到良好的效果。針對孩子感到棘手的科目，給予特別的指導；配合孩子的學習方式，在資源班進行指導。因此，家長可以配合孩子的特性和步調，多加利用這項計畫。

值得注意的錯誤教育觀念

有父母的理解和支持，孩子才能有重大的突破。父母應該避免犯以下幾個錯誤教養觀念：

支援教育是專門提供給一些特定的孩子

盡量讓孩子就讀普通的班級會比較好

只要讓孩子去學校，老師就會有辦法

資源班教育的優點

利用資源班，以及透過跟當地特別支援教育的合作，可以讓學習障礙的孩子享有更多的教育資源。

「資源班」教室教些什麼？

● 學習的指導和補助

除了針對他們感到棘手的科目，給予個別指導或幫助他們了解之外，同時還教導他們一些社會技能。

技術的共享

在特別支援學校如何指導其他特殊孩子，同時也可以運用在指導學習障礙的孩子身上。

資源班主要是針對在普通班無法得到支援的部分，進行加強輔助。

只要學業跟得上，就可以返回普通班上課。

特別支援學校

配合孩子的需要，提供適當的指導和支援。

別忘了配合孩子的步調，陪伴他一起同行。

一般學校

● 平常的課業

● 課外活動

在輔助教材或出題上面下工夫，幫助學習障礙的孩子了解。

日本的特別支援教育

並沒有依照障礙的類型區分，而是配合個別的需求，把聾啞學校、啓智學校等，都統一稱為「特別支援學校」。

學習障礙在台灣

「資源班」教室的名稱，依據不同的地區，多少會有一些差異。台灣稱資源班、特教班等。

Q10 當孩子問起關於學習障礙的事時，我該如何回答他？

A：不要敷衍他，盡量用他可以理解的方式告訴他。

了解學習障礙 對孩子也有好處

從小學高年級開始，一直到升上國中之後，學習障礙的孩子本身應該也會對自己和其他同學之間的差異，感到疑惑才對。

當他本人提出疑問時，就是告訴他關於學習障礙的最好時機。不妨配合孩子的理解程度，仔細地回答他的問題。

千萬不要敷衍孩子，跟他說：「等你大一點再告訴你」、「沒什麼」。如此一來，只會增加孩子的不安和不信任感而已。

此外，還要讓孩子清楚地知道，他不是學不會，而是要多花點時間，只要在學習的方法上下工夫，他一定可以克服難關。

千萬不要讓孩子覺得，因為自己有學習障礙，所以一定跟不上別人，而有自暴自棄的想法。

事先讓周遭的人 對學習障礙有正確的了解

家中的父母和學校的老師，在告訴他人有關學習障礙的資訊時，自己也應對學習障礙有正確的了解才行。

明白學習障礙之後的好處

對自身的情況感到疑惑或不安，一旦知道原因是學習障礙之後，反而會感到比較放心。如果能因此用更積極、正面的態度去面對，學習障礙的告知對孩子反而是一種好處。

知道原因出在哪裡並不是因爲自己不夠努力的關係。

↓

感到安心，進而想要採取因應的對策。

告知孩子時的 3 個原則

不要隱瞞

當孩子感覺到自己跟其他同學的差異，或是聽到別人這麼說他時，對孩子而言就已經是一個很大的傷害。在這種情況下，如果父母還繼續隱瞞或敷衍，只會加深孩子內心的疑惑。

敷衍反而會讓孩子產生不信任感

沒什麼，以後就會好。

敷衍的回答，只會加深孩子內心的失望或不安

孩子的心情

爸媽一點也不了解我的心情。

我一定病得很嚴重，所以爸媽才不敢告訴我。

配合孩子的理解程度告訴他

孩子感到疑惑的年紀，因人而異。因為每個孩子的腦部認知方式有所差異。因此，不妨用孩子可以理解的方式告訴他。

不用一次全告訴他

在孩子還小的時候，可以告訴他是個性的問題。等他大一點之後，如果還有疑問時，再詳細告訴他。不妨分幾個不同的階段，慢慢讓他能夠理解。

不要找任何藉口

不要因為孩子有學習障礙，就讓他放棄一切的努力，必須給予他具體的支援。

也要教他怎麼做

哪些科目感到棘手 → 對擅長的科目再用功一點 → 看吧！你也做得到！

哪些科目感到棘手 → 嘗試使用跟他人用不一樣的方法學習 → 看吧！你也做得到！

哪些科目感到棘手 → 或許要花比較多的時間 → 看吧！你也做得到！

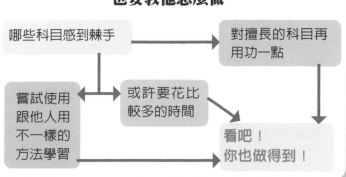

特別關心 COLUMN

學習障礙可以用藥物治療嗎？

如果合併注意力缺失過動症的情況，可以用藥物治療

症狀容易與學習障礙重疊的「注意力缺失過動症」，特別是針對過動症或注意力缺失的孩子。通常會使用藥物治療，所使用的藥物主要是利他能（Ritalin）。

這種藥物會對中樞神經產生作用，可以大幅地緩和注意力缺失過動症所引發的一些症狀，幫助孩子，使他的行為穩定下來，並提高他的注意力等。

一般的使用年齡大約是在學齡期的六歲到十二歲左右。至於它的副作用則是會有食欲不振、失眠等現象，所以在使用時要非常謹慎而且必須要有醫生的處方才行。

不要太過仰賴藥物治療

盡管使用「利他能」的藥物治療需要自費，但還是有很多家長會讓孩子服用。主要是因為它的效果很好，大約有70％的孩子在服用藥物之後，症狀可以獲得改善。

不過，目前的藥效只能維持三至四個小時左右而已。因此，唯有在發揮藥效的時間內，讓孩子學習養成更好的行為模式，如此一來才算真正有發揮它的療效。

但藥物治療終究只能用來當作輔助而已，治療注意力缺失過動症的重心還是應該擺在耐心的應對和教導才是。

學習障礙在台灣

利他能為健保用藥。

第二章

認識學習障礙，所有您必須知道的事

學習障礙主要有五種類型，

有些孩子可能合併有多種類型。

以下則針對每一種類型，進行詳細的解說。

感到棘手的事，每個孩子都不相同

當我們透過看或聽的動作，然後作出判斷的那一瞬間，其實我們的腦部正在進行著各式各樣的活動。腦部的功能不但非常複雜，而且個別差異非常大。身旁的人認知事物的過程，並不見得跟你是相同的。

認識事物的運作方式

看或是聽，並不是耳朵、眼睛的工作，而是腦部的工作。從感覺器官所得到的訊息，必須經過腦部的處理後，才開始具有意義。例如，我們要知道手上拿的是「球」，就是一個複雜的過程。

訊息進來

周邊的訊息，透過人的眼睛或耳朵、鼻子、皮膚等的感覺器官，不斷地傳送到我們的腦部。

↓

訊息處理

在腦部分析從身體各部位所傳送過來的訊息，然後再分別組合，儲存對我們有用的訊息。

↓

認識事物

把從外面傳送進來的訊息，對照自己內部儲存的知識，理解現在的情況。這時候，才認識到原來手上拿的這個東西是「球」。

這是球耶！
視覺
嗅覺
味覺
聽覺
觸覺
溫度感覺
平衡感覺

人腦是否隨時都在整理訊息？

從外面傳送進來的訊息，人腦會在瞬間立刻做處理。這是因為腦部會整理儲存的訊息，把經常使用的與有相關的同類情報，利用網路系統作連結，所以才能迅速地處理訊息。

而學習障礙孩子的狀況則是，這種處理訊息或網路系統出現問題，令他們感到棘手。

學習障礙孩子需要認知上的幫助

每個人腦部的個別差異都相當大，因此擅長和不擅長的事物都不相同，這也是人的個性。相信很多人都有過目不忘，或聽過的旋律就不會忘記等的能力，這就是感覺上的差異。

學習障礙的孩子就是這方面的個性很強，在認知上需要某些幫助。

腦就像一部高級電腦

腦部的功能系統就像電腦一樣，會先整理各種訊息，以便在日後有需要的時候可以取出來使用。

整理訊息，然後儲存

先把不斷傳送進來的訊息經過整理之後，再進行分類以便於使用，並把同類的訊息串連成一個網路系統。

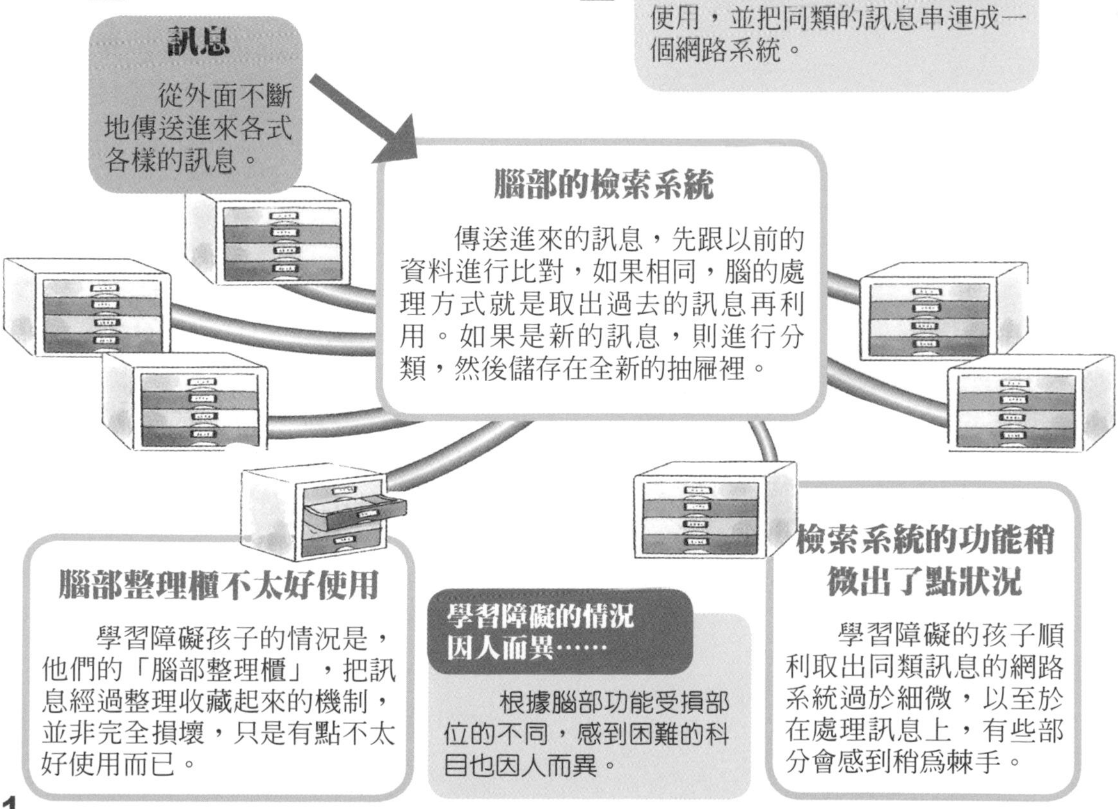
訊息
從外面不斷地傳送進來各式各樣的訊息。
腦部的檢索系統
傳送進來的訊息，先跟以前的資料進行比對，如果相同，腦的處理方式就是取出過去的訊息再利用。如果是新的訊息，則進行分類，然後儲存在全新的抽屜裡。
腦部整理櫃不太好使用
學習障礙孩子的情況是，他們的「腦部整理櫃」，把訊息經過整理收藏起來的機制，並非完全損壞，只是有點不太好使用而已。
學習障礙的情況因人而異……
根據腦部功能受損部位的不同，感到困難的科目也因人而異。
檢索系統的功能稍微出了點狀況
學習障礙的孩子順利取出同類訊息的網路系統過於細微，以至於在處理訊息上，有些部分會感到稍爲棘手。

在閱讀、書寫、算數方面，有顯著的困難

在各種學習障礙類型當中，又以此種類型占絕大多數。通常在醫學上所說的「學習障礙」，指的就是這種類型。

構成學習障礙的 3 大要素

是指學習能力當中，最基本的能力。

閱讀的能力

閱讀文字的能力。不光是每一個文字的發音而已，還有說話的流暢度、文字的意義等，乃至於理解的能力，必須具備各方面的能力。

書寫的能力

書寫文字的能力。是否能夠正確寫出每個國字或是注音符號。聽寫的能力，以及自己思考寫作的能力，兩者之間是有差別的。

算數的能力

除了計算的能力之外，還有推理的能力、測量數量或空間的能力、對時間的感覺等，同時也包括在日常生活中不可或缺的想法。

為什麼在閱讀、書寫、算數方面，會出現障礙？

雖然學習障礙有各種不同的類型，但是其中跟學習能力有關的，就是在閱讀、書寫、算數方面感到棘手的類型。

由於閱讀和書寫（寫字）是學習上不可或缺的能力。因此，一旦這方面出現障礙，就算有能力，所有學科的成績也都無法向上提升。

此外，如果是數學方面有障礙，不光是計算問題而已，甚至就連由幾個條件引導出結論的「推理」能力等的思考能力也會有問題。

由於感到障礙的部分不相同，因此，針對每一位學習障礙的孩子所採取的指導方法也有所不同。

出現的障礙形形色色

在此介紹在讀寫方面出現障礙的訊號。雖然一言以蔽之，就是讀寫障礙，但是根據不同程度的認知缺失，孩子出現的訊號也會有所不同。

字義和文字是連結在一起的

沒有語言理解上面的問題。對於自己身邊的事情，可以了解對方的話語及它所代表的意義。

ㄒㄩㄝˊㄒㄧㄠˋ — 學 校

● 對聲音和文字的連結有障礙

舉例而言，像「學」的注音符號是「ㄒㄩㄝˊ」，他們就是很難把注音和國字連想在一起。

● 無法遵守注音的規則

像是有些破音字，他們會無法分辨，也無法正確書寫出來。

● 無法斷句

譬如：「去學校上學」這樣的句子，他們無法根據字面的意思斷句，「去…學…校…上學」。他們無法掌握文字的意義，只會逐字地閱讀。

● 無法正確書寫國字

雖然會唸注音符號，但是在學寫國字時，對於一些筆畫比較多的國字，及比較難寫的國字會感到棘手。

● 對注音符號感到棘手

尤其是一些同音字，乍看之下無法判斷該如何讀。此外，像是一些破音字，也會老是記不住。

什麼是「失讀症」？

Dyslexia是歐美自古以來的用語，中文稱為「失讀症」。誠如字面所言，就是有閱讀文字困難的症狀，指的就是學習障礙的讀寫障礙；在歐美各國的學習障礙中，以失讀症的人數最多，約占80%。

對於語言的使用及聽寫的方法有偏頗

在語言方面的問題，不光是在聽寫或說話能力上有偏頗而已，同時也包括和他人交談的能力，也就是察言觀色或是了解言外之意的能力。

對語言的輸入和輸出有障礙

我們在幼年的時候，會藉由聽周遭的人說話，來記住東西和名稱之間的關係，並藉以培養說話的能力。

與語言有關的問題，主要分為兩種類型，一種是有聽取（輸入）方面的障礙，另一種則是有說話（輸出）的障礙。

【在語言聽說方面的 3 大問題】

在聽方面感到棘手

在聽對方說話時，無法一直集中注意力，很容易分心，所以往往記不住對方說過的事。

對記憶或推理感到棘手

才剛剛說過的事，孩子立刻就忘得一乾二淨，或是會再重複詢問。主要是因為他們無法在短時間內記住對方說的話，或是無法理解等。此外，要花時間整理自己的思緒，然後再開口說話，所以只要一心急，往往就會說不出口。

對說話感到棘手

無法很流利地表達自己要說的話，常常會用「這個、那個」等的話語。即使能夠理解對方的話，在整合意見的能力上也會出現偏頗，像是無法發出正確的音（有構音的問題）等。

有些會有溝通上的障礙

雖然有些人在使用語言的能力上沒有問題，但是對於表達自己的想法或與人交談等溝通上卻會出現困難，有時甚至會引發各種衝突。

對於對方的回答心不在焉

當對方回話或說出意見時，無法做出適時的回應。

很難理解反話、嘲諷、俏皮話

無法了解對方話中有話或是言外之意，人家說什麼就照單全收。

不會察言觀色

無法察覺當場的氣氛或對方的表情，以致彼此之間的對話無法順利地進行。

會轉移話題只說自己想說的話

說話的內容沒有錯，但是感覺很遲鈍，無法分辨對方是否對該話題有興趣或感到愉快。

若無法找出原因就很難對症下藥

以「無法專心聽人家說話」的情況為例，可能是注意力有問題，如果一次跟他說很多事情，會讓他產生混亂，難以記住。

此外，如果是說話有困難的孩子，要先分辨他是理解不夠充分，還是可以理解但是說不出口；必須針對每個孩子的特性，找出因應的對策。

有些障礙是周遭的人很難理解的

就算可以理解語言，同時也有說話的能力，但卻不會察言觀色，不懂別人話中的言外之意等，類似這種有「溝通」能力障礙的人，在語言的使用上也無法運用自如。

如果有溝通方面的障礙，很難被視為是有語言問題的人，因此，周遭的人也很難得知他們有這方面的障礙。

學習障礙的類型③

不了解、無法遵守朋友之間的規則

在學習障礙的定義中，並未包括社會性的問題。不過，一旦學習能力受挫，情緒也可能會變得不穩定，或是在學習社會性上必須要花更多時間等。

遊戲場所的禮儀和規矩

和朋友一起玩耍，一開始就要先跟大家討論，決定遊戲的規則或是先後順序等。事實上，在小孩子的遊戲場所，也進行著各式各樣的社會活動。

商量

一旦有問題發生時，大家可以互相商量，共同找出解決的辦法。

必須遵守既定的規則

如果不先決定好公平的遊戲規則，大家就會吵架。如果不遵守規則，其他的小朋友就不喜歡跟你玩。通過這種方式，讓孩子學會遵守社交規則。

懂得如何把自己的想法轉達給對方

當自己有意見或是對別人的意見有疑惑的時候，懂得如何去表達自己的想法，或是去說服對方，讓雙方達成協議。

共鳴

藉著大家一起遊玩的方式，可以讓孩子們產生連帶感和共鳴。

在團體生活中常見到的訊號

學校的生活是孩子結交朋友的場合，因此經常可以見到一些社會性的問題。學習障礙的孩子不光是在學校問題很多，也常常因為我行我素的關係，所以朋友很少。從培養社會性的觀點來看，似乎是不太樂觀。

朋友很少、很難結交到朋友

如果老是惹麻煩，就很難結交到朋友。交不到朋友，人際關係就會變得很差……。因而陷入一種惡性循環。要是本人也因爲交不到朋友而感到煩惱，可能就會引發類似不想上學之類的後遺症。

●往往因爲粗暴、所以很容易跟人家打架

尤其是有注意力缺失過動症合併症狀的孩子，因爲比較無法忍耐，所以很容易動手跟其他的小朋友打架。

●無法用適當的遣詞

本人並沒有惡意，但卻會說出一些惹人厭的話，或是粗魯的話。

●不太會跟其他的人互動

●極端的我行我素

常常可以看到孩子只對自己感興趣的事非常投入，不太會去跟其他的小朋友互動。因此，錯過培養社會性的機會。

社會技能也是一種學習

與人交往的禮儀或規矩，不光是在學校而已，也是在社會上立足不可或缺的技術，所以又稱為社會技能。

像是注意力缺失過動症或高功能自閉症的孩子，大多都有社會技能發展方面的障礙。至於學習障礙的孩子，則常見到一些社會技巧不成熟的案例，他們學習社會技巧比較慢，或是因為學業受挫，導致對周圍的人產生反抗的態度。

為避免麻煩而無法學習社會性

社會性是要在與人互動之間培養出來的。因為學習障礙的孩子，大多個性乖巧、不太引人注目，或是有語言發展遲緩的現象，而無法順利開口說話，因此很少有跟人發生衝突的經驗，而讓他們錯失學習社會性的機會。

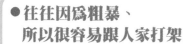

學習障礙的類型④

對運動感到棘手、顯得笨手笨腳

在學習障礙的孩子當中，有些人對全身協調運動感到非常棘手。不光是全身運動而已，甚至就連指尖的運動，也會出現各種不同的特徵。

對於連續的活動感到棘手

運動方面的困難，並不是學習障礙的孩子最顯著的特徵，畢竟在學習障礙的孩子當中也有很多擅長運動的人。

不過，在活動身體的時候，腦部也必須同時細部控制身體的各個部位才行。因此，像學習障礙等有某些發展障礙的孩子，通常對於運動方面的細部調整，感到棘手的可能性非常高。

除了對運動感到棘手之外，由於指尖無法控制細微的動作，因此顯得特別笨拙。由於字寫得不好、語言的學習出現遲緩等，所以很可能合併其他障礙。

運動不只限於SPORTS

這裡所指的運動，是指活動身體；同時活動、協調身體的各部位，這是一項需要微妙控制的活動。

對於全身協調的活動感到棘手……

無法做精細的動作

由於指尖的活動不夠靈活，因此對於像是摺衣服等一些日常生活的小事會感到棘手，或是變得不太想去做。

對運動感到棘手

不光是複雜的運動項目，甚至連要使用全身力量的跳箱、跳繩、跳遠也感到棘手。

字寫得不好

寫字不是要花很長的時間，就是寫得不正確。有些人就算對文字的理解能力沒有問題，也可能寫字寫得很慢，或在理解上會出現停頓的現象。

基礎動作變得遲緩

有些孩子走路或跑步的動作會變得緩慢，或是無法長時間保持同樣的姿勢。

恐怕會伴隨其他的問題

可能會出現對運動感到棘手或笨手笨腳的情形。
不少學習障礙的孩子會比周圍的人想像中的更在意。

很難參加一些團體競賽或是活動身體的遊戲

不光是孩子本人感到棘手而已，因為同學會說：「只要某某人參加，整個遊戲就會進行得很不順，變得不好玩。」因而變得更加不想加入。

除了課業之外，很難得到其他方面的成就感

無法體會到一些實用科目的樂趣或是成就感。

得到自尊心或成就感的機會越來越少

在原本令孩子感到趣味的體育課或實用科目上，很難得到成就感，是以也失去培養同儕意識的機會，此時如果再聽到同學說自己很差勁的話語，就更容易失去自尊心。

做得好不好很容易一眼就分辨出來，因此反而會更難受。
55

難以得到遊戲的樂趣

一旦對運動感到棘手，便會失去與同學一起享受遊戲及運動的樂趣，同時得到認同感的機會也跟著變少，如此一來，對於結交朋友或培養同儕意識等都相當不利。

此外，除了課業之外，很難在其他方面，像是圖畫、美勞上，獲得成就感。

無法安靜下來，缺乏臨場應變能力

注意力缺失過動症的孩子，在行為方面有很明顯的障礙。但除了過動之外，有很多的情況是「無法見機行事」。

有兩種極端的行動類型

不只限於學習障礙的孩子，在各種發展障礙的孩子身上，也常常可以見到兩種非常極端的類型，有些不是非常好動，就是活動力非常的低。

寡動性

- 動作緩慢、反應遲鈍
- 無精打采

人數雖然不是很多，但往往給人一種發呆、叫他也沒什麼反應，不夠積極的印象。

過動性

- 片刻都無法安靜下來
- 無法預測他下一步會有什麼舉動

這種孩子會一直不斷地在做某件事，很難安靜下來。由於注意力渙散的關係，會不斷地轉移興趣，因此在多數的情況下會變成過動。

上述兩種孩子，都無法見機行事

跟過動兒相比，寡動兒的問題看起來好像比較少。但其實這兩種類型的孩子都無法見機行事，因此往往會有行動上的困難。

在班上顯得特立獨行

關於學習障礙的孩子出現的偏頗行為，有幾種比較常見的類型。其中比較明顯的類型，是合併有注意力缺失過動症的症狀。注意力缺失過動症的孩子最明顯的特徵，就是「喜歡走來走去、無法安靜下來」。因此，周圍的人很容易就察覺出來。

另一種類型則完全相反，也就是動作極為緩慢。相對於注意力缺失過動症的「過動」，這種類型的孩子又稱為「寡動」。

此外，由於他們控制情緒的意志很薄弱，因此有些孩子會出現有一些突發性的行為。

注意力、情緒的掌控不夠順暢

雖然一言以蔽之，是「無法安靜下來」、「沒有專心在聽人家說話」。但還是有各種不同的行為表現。

情緒很善變、不穩定

動不動就發脾氣，由於按捺不住自己想要做的事情，因此無法靜下來。

老師的聲音
教室外走廊上的腳步聲
窗户外面的雜音

對於非做不可的事情無法保持注意力

對於自己現在正在做的事情或正在說話的對象，無法集中注意力。

對想做的事或自我規則有強烈的執著

對於非做不可的事情或別人建議的做法，較不知如何因應，且比較沒有應對的彈性，非常執著；因此，往往給人一種「不聽他人勸告」的印象。

對於接受外面刺激的注意力特別敏銳

接受外面刺激的注意力異常敏銳；因此，對於來自外面的聲音一直都有反應。

情緒狀態很不穩定

很多在行為方面有問題的孩子，大多是在集中力或注意力方面有缺失，因為他們容易給人缺乏注意力的印象，其實這是不正確的。因為他們對於有興趣的事或想做的事情，會展現出驚人的專注力。

合併治療
案例

有些孩子會出現癲癇或過敏、抽動等症狀

學習障礙會出現一些其他合併症狀。

如果有其他的併發症，而不治療，可能會影響孩子的學習成效，而難有好成績。

容易跟學習障礙重疊的疾病

除了癲癇或抽動之外，也有可能因為學習障礙導致情緒不穩定，而陷入憂鬱的狀態。

癲　癇

主要是因爲有一部分的腦神經細胞異常興奮的關係，易引發昏倒、痙攣發作等疾病。就算孩子沒有很明顯的發作，但也可以經由腦波檢查，掌握具有特徵性的腦波，得知是癲癇。

- □以前發作過好幾次的熱性癲癇。
- □雖然沒有發燒，但卻出現痙攣的症狀。
- □整個人好像在發呆，叫他也沒什麼反應。

即使癲癇發作，如果程度很輕微，可能會以爲孩子只是在發呆而已，往往很難察覺出來。

因應方法

依照孩子的情況，服用抗癲癇藥。

抽動障礙

會突然發出很大的聲音，或是反覆地顫動眼皮或嘴巴，嚴重的程度已經影響到日常生活。

●聲音抽動

連續發出喊叫、咳嗽、咋舌的聲音。

●動作抽動

臉部扭曲或肩膀、脖子、腳會突然抖動。

因應方法

必須接受專門醫生的治療。

因為疾病導致無法專心學習

有些孩子因為疾病的關係，會造成學習上的困難。這種情況很容易跟學習障礙的症狀混淆。因此，針對這種情況應該先找出病因，對症治療。然後再配合孩子的學習進度，給予指導。

有過敏性疾病的孩子

如果是有氣喘或是慢性鼻炎等過敏性疾病的患者，就很容易因爲身體不適的症狀，影響注意力，而很難保持專注。

視力或聽力有問題

視力不好或因爲斜視的關係而看不太清楚，這對學習會造成很大的影響。除此之外，同樣也有引發慢性中耳炎，造成聽力受損的案例。

回答遲緩

看東西時會閉著一隻眼睛
3×3=
7×2=
6×9=
5×1=

會歪著脖子看書

因應方法

除了針對疾病給予治療之外，應該配合孩子的理解程度，提供教育上的支援。

癲癇或抽動的症狀很常見

如果學習障礙孩子的熱性抽動反覆發作，有時候可能會併發癲癇的症狀。除此之外，抽動的症狀也很常見。以往醫生認為，抽動的原因，可能是精神方面的問題所導致的。但最近則認為發病的原因，除了有容易引發抽動的體質之外，還有心理方面的因素。

無論是癲癇還是抽動，如果有必要，最好還是採用藥物治療的方式比較好。

如果有視力或聽力問題專注力也會下降

並非有聽力或視力問題，或是過敏性疾病的孩子，就比較容易併發學習障礙的症狀。不過，有這些問題的人，由於在學習時注意力比較難以集中，所以有可能會被誤認為是學習障礙。

至於過敏的孩子，只要接受適當的治療就能獲得改善。因此，最重要的是要及早發現，及早治療。

特別關心 COLUMN

原來患學習障礙的名人居然這麼多

以有個性的成功者居多？

在學習障礙或注意力缺失過動症當中有為數不少功成名就的人。像是發明家——湯瑪斯．愛迪生，他從小就有許多稀奇古怪的行為，他最廣為人知的一段小插曲，就是他小學只讀了三個月就被學校開除了。

除此之外，物理界的巨匠愛因斯坦，他除了數學之外，其他學科的成績幾乎完全不行，而被認為具有明顯的學習障礙傾向。美國的知名作家約翰．歐文，也是直到自己有小孩之後，才發覺原來自己有失讀症（Dyslexia）。

理解是幫助孩子成長的支柱

這些名人同時有一個共通點，就是能夠得到周遭人的理解。以愛迪生的情況為例，雖然他無法到學校上學，但是相對的，他的母親卻教導他許多事物，陪伴他度過少年時期。而歐文則是因為有能力可以依照自己的步調工作，之後才能成為一位成功的小說家。

這些成功的案例告訴我們，教導有學習障礙的孩子，最重要的是要給他們強而有力的援助與支持。

第三章

特別支援教育的開端

學習障礙教育的變遷

日本開始實施特別支援教育之後，
已使得學習障礙孩子的教育選擇權也跟著增加。
在教育上，可以見到與學習障礙孩子相關
的教育法或新的教育計畫。

學校在徵求監護人的同意下，可以找專家評估

懷疑孩子有學習問題時，學校在徵求監護人的同意之下，可以找專家諮詢。

針對學習障礙等有學習困難的孩子，「特別支援教育」所提供的支援計畫不光是在教室而已，且是全面性的。

是由導師、學校、專家所組成的計畫

這項計畫的運作方式是由家長、導師或與個案相關人員主動提出需求，經過檢核、討論之後，再透過學校尋找專家，提供必要的幫助。

必須獲得監護人的同意

包括檢查在內，學校跟專家團隊會面前，一定要先取得監護人的同意才行。

監護人

諮詢

由家長提出諮詢或導師主動發覺，詳細告知孩子在家中或學校的情況。

班導師

商量・報告

再由班導師向校內的委員會報告或商量。

校內委員會

這是在學校針對學習上有必要提供支援的孩子而設立的一個組織。他們不僅直接指導孩子的班導師，同時共同合作思考具體的指導方針，以及製作個別的指導計畫。此外，他們也是跟專家攜手合作的窗口

主要的任務

- 掌握孩子是否在學習上有哪方面的困難。
- 一起製作個別的指導計畫。
- 督促教職員之間的共同理解。
- 檢討是否要跟諮詢人員或專家討論。

校內委員會的會員

訓導主任、教務主任、擔任特別支援班的老師、負責教育諮詢的人員、特別支援教育的協調人等。

所謂特別支援教育協調人的業務，主要是負責特別支援教育在學校內外的連絡或調整，大多是由一到多位的老師負責。

從教室的對應到學校的支援

在特別支援教育的計畫中，針對有學習困難的孩子所提供的支援，不光是班導師一人而已，而是學校整體。

首先，只要一發現班上有學習困難的學生，導師就要先向校內委員會報告。再由校內委員會（台灣為輔導室）針對學生的認知特徵、指導方法等進行篩選、討論，然後提供導師支援。

不過，如果校內委員會無法判斷學生是否有學習障礙時，且經過討論如果有需要專家鑑定，則會先徵求監護人的同意，然後再找特殊教育老師及學習障礙專家等專家團隊諮詢。

經由多位專家慎重的鑑定與評量

由專家團隊判斷孩子是否為學習障礙，同時根據孩子的特性，給予比較具體的建議，如應該如何指導比較好。

專家團隊協助

設置在地區的教育委員會的組織，根據不同的自治團體，又稱爲專門委員會。針對來找學校諮詢的孩子，提供他們專業、具體，而且又實際的建言。除此之外，他們也會定期地評估指導方法是否有達到效果。

主要的任務

- 判定是否爲學習障礙、注意力缺失過動症、高功能自閉症，同時給予立即的指導。
- 配合孩子，針對指導形態、在教室的指導方式、各學科的指導內容等，給予具體的建言。
- 協助在學校內的研修等。

同時介紹醫療機構或檢查機構

如果專家團隊中沒有包括醫生在內時，則會介紹到醫療機構，接受醫學上的檢查或看診。

- 對學習障礙比較專門的醫療機構
- 教育中心、發展障礙支援中心等

學習障礙在台灣

在台灣，如果懷疑孩子有學習障礙，可以先到兒童精神科或心智科接受診斷。另外，也可以直接與學校輔導室聯繫，再由輔導室轉介到各縣市特殊教育學生鑑定及教育輔導委員會進行鑑定。

學習障礙的判斷②

經過檢查確認「沒有其他的原因」

要判斷以學習障礙爲首的發展障礙是件相當困難的事，所以要先透過檢查，確認並不是疾病的原因，也不是暫時的狀態。

經過醫生的診斷

透過像是腦波檢查、CT、MRI等的影像檢查，看看是否有癲癇等腦部方面的疾病。除此之外，還要確認孩子幼兒時期的情形和成長過程等，因此必須在父母的陪同下一起接受診療。

在這種情況下，媽媽平常用來紀錄孩子成長的手冊，就會有很大的幫助。

確認孩子在幼兒時期是否曾出現以下警訊

- 是否有語言發展遲緩或偏頗的現象？
- 是否感興趣或關心的範圍很狹隘，會做和不會做的事情有很大的差異？
- 是否對運動感到棘手，顯得很笨拙？
- 是否老是動來動去的，無法安靜下來？
- 是否不太會跟別人玩，但卻老是跟人起衝突或打架？

心理檢測也可以當作參考

透過心理檢測，可以確認孩子在整體的智能發展上，是否有出現遲緩的現象。同時也可以檢查，在認知上的各項能力，是否有出現偏頗的情形。

關於心理檢測，最好事先知道的事

- 孩子的狀態會影響到結果。
- 包括重要的個人情報在內。
- 根據不同的檢測時機，結果多少會有差異。

心理檢測的目的

做心理檢測，可以了解孩子各項內在能力及心理歷程是否具有差異，或是有何種特徵。這些都是在指導孩子時，不可或缺的情報。除此之外，心理檢測的結果和學力程度的差異，也是判斷學習障礙的資料之一。

學習障礙的判斷 即使是專家也很困難

在判斷孩子是否為學習障礙時，一定要先接受醫學檢查，確認是否有其他的病因。除此之外，還要接受心理檢測，檢查是否有認知方面的遲緩，或是認知上的偏頗等。

心理檢測是一項非常微妙的檢測，依據孩子在檢查時的狀態，可能會影響到結果。因此，檢查的結果，在倫理上規定有保守秘密的義務。

不是貼標籤 而是開始提供支援

如果檢查的結果，讓孩子刻意被貼上「學習障礙」的標籤，反而會引人反感。但其實檢查最重要的目的，並不是判斷孩子是否為學習障礙。而是要能夠掌握孩子在認知上的缺失是屬於何種類型，如此才能挑選適合孩子的教材，在指導方法上面下工夫。

因此，學習障礙的判斷，可以說是提供支援的開始。

學習障礙的判斷是提供支援的入口

由專家團隊根據醫學、心理、教育的觀點來判斷孩子是否是學習障礙，然後再轉達給校內委員會，針對具體上的指導給予專業的建言，使孩子的各項能力得以發展。此外，只要是在學習方面有困難的孩子，即使不是學習障礙，也是支援的對象。

在醫學上

不是因爲環境的因素或是某些障礙所導致的學習困難。

在心理檢測方面

沒有明顯智能發展遲緩的情形。

在教育方面

在國語或算數等，基本的學科有跟不上的情形。此外，在其他學科方面，擅長和不擅長之間的落差很大。

由專家團隊判斷是否爲學習障礙

檢討支援計畫

針對個別的指導計畫，定期進行評估，檢討看看是否達到預期的效果，以及是否有需要改善的地方，以及是否有給班導師提供適時的支援。

定期評估

製作個別指導計畫

以心理檢測的結果或個案現在的學力、專家團隊的建言等當作參考，由學校老師、資源班的教員、特別支援教育負責人爲中心，在校內委員會研擬每天具體指導的計畫或目標，製作「個別的指導計畫」。

學習障礙在台灣

在台灣則是透過家長或老師平日的觀察，來進行鑑定及教育安置。其流程是，經由轉介——篩選——初審——相關測驗評估——學習障礙判定——教育安置——發展 IEP《即依情況，判斷適合學生的教育場所，如：普通班、資源班》，以因應個別需要，提供最適合的教育措施。

三項檢查：理解程度、認知能力、學習意願

跟學習能力相關的要因有三項，其中又可以細分爲許多項目；學力無法進步的理由，只是其中的一項因素而已。

3項因素同時具備學習才會進步

唯有理解程度、認知、學習意願三項要素同時具備，學習才會有所進步。

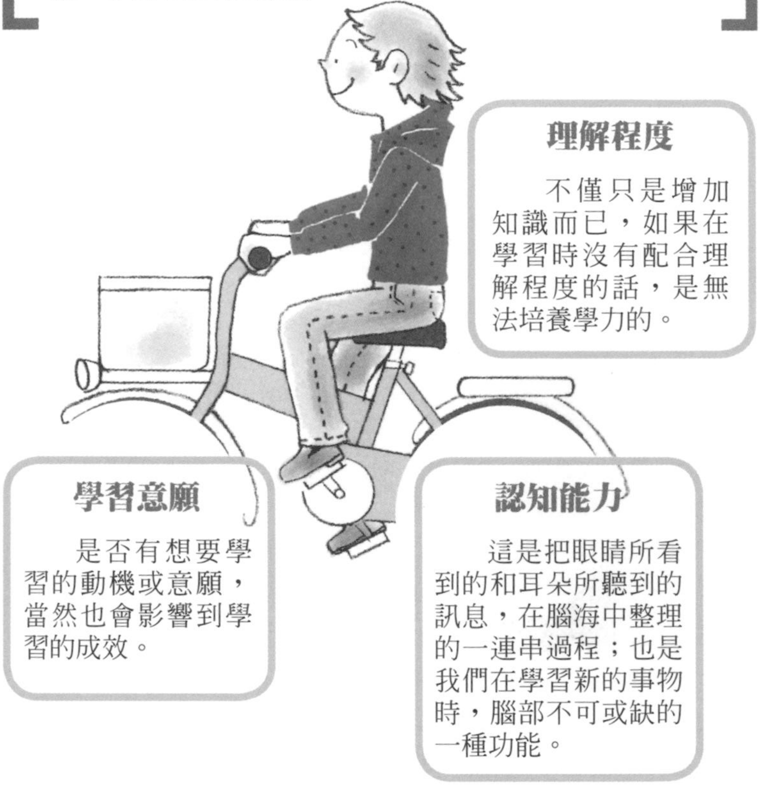

理解程度
不僅只是增加知識而已，如果在學習時沒有配合理解程度的話，是無法培養學力的。
學習意願
是否有想要學習的動機或意願，當然也會影響到學習的成效。
認知能力
這是把眼睛所看到的和耳朵所聽到的訊息，在腦海中整理的一連串過程；也是我們在學習新的事物時，腦部不可或缺的一種功能。

對應要從理解開始

提供教育支援的第一步，就是要先找出孩子學習受挫的主要原因。

與學習有關的要素，大致上可分為三項，就是理解程度、認知能力、學習意願。唯有具備這三項要素，學習才能步上軌道。一旦出現認知上的缺失，就算有心想要學習也無法進步。同樣的，就算知道有認知上的缺失，但如果缺乏學習意願，同樣也是難以進步的。

因此，要先找出究竟是缺乏這三項當中的哪一項。一定要先找出具體的問題出在哪裡，才能擬出有效的因應對策。

找出學習受挫的原因擬定因應對策

根據不同的原因，所提供的必要支援也會有所不同。

理解
學習意願
認知

學習緩慢的孩子

這種類型的孩子稱爲緩慢學習者，他們理解的速度非常緩慢。

有認知缺失的孩子

由於在腦部處理訊息或認知上的構造有缺失，所以無法像其他的小孩一樣正常學習，理解力也難以進步。

理解
學習意願
認知

學習意願低落的孩子

除了不愛唸書之外，由於有認知上的缺失，學習遲遲無法進步。有不少孩子因此而失去學習慾。

理解
學習意願
認知

認知檢測

- 是否有某種認知上的缺失？
- 是否有某些特徵？
- 目前的情況如何？

學習意願檢測

- 對哪些科目感到棘手？
- 是否因爲什麼原因，導致不愛唸書？
- 目前是不是有在接受其他的指導？

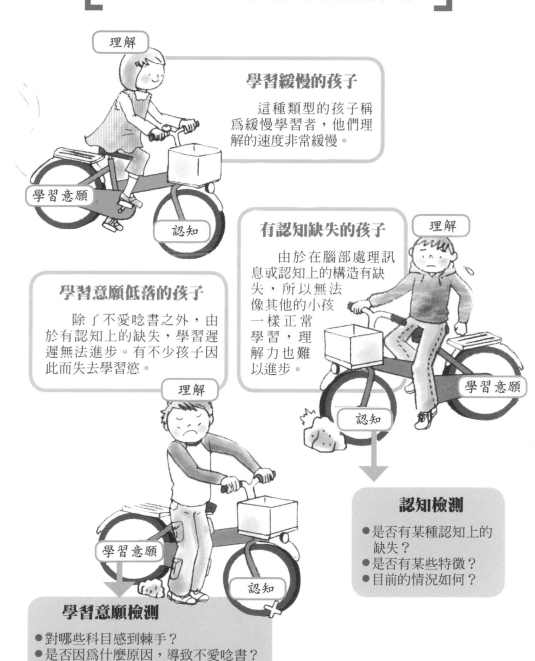

在教室的對應①

利用不同的方法提升理解力和學習意願

配合孩子的指導方法有很多種，不僅要顧慮到學習障礙的孩子，同時也要考慮到教室內其他所有的學生。

教導學生的 6 種方法

學習遲遲無法進步的原因，每位學生的情況都不一樣。因此，根據不同孩子認知上的缺失或注意力不足的狀況，所採用的指導方法和必要的支援也會有所不同。

寫考卷、交給老師、到體育館
A同學，請注意聽老師說話！

指示要盡量淺顯易懂

舉例而言，要說「寫完考卷後先交給老師，然後去體育館」時，不要一口氣說完這句話，可以把內容分別寫在黑板上，這樣學生比較容易了解。

提醒學生

尤其是一些注意力比較差的學生，老師在宣布重要的事情之前，最好先提醒大家注意聽。

教法要讓學生容易理解

學習障礙的孩子在資源班上課，一星期頂多也只有八個小時而已。因此，最理想的方式就是老師在普通班上課時也能採用各種不同的指導方法。唯有得到老師的配合，才能提升學生的理解程度。

老師平常在普通的班級上課時，除了要設法督促學生理解之外，同時也應該留意教室的整體氣氛，唯有在心平氣和的情況下，才會達到學習的效果。

讓不專心的孩子坐在前面的座位

座位越靠近老師，就越容易專心。同時身爲指導者，也比較容易注意到學生的學習狀況。

讓教室的氣氛保持和諧

這是指導注意力缺失過動症的孩子時常用的方法。盡量減少教室內的裝飾品，在平靜的氣氛中，可以防止孩子分心。

在教材上下功夫

針對那些在聽寫方面感到吃力的孩子，不妨把上課的重點印成講義，當作輔助性的教材，如此一來也可以減輕這些孩了的負擔。如果孩子有閱讀困難，則可以使用圖片說明，盡量避免使用一些迂迴的說法。

問一些孩子可以回答的問題

不妨配合孩子的程度，提出不同的問題，營造出可以讓孩子踴躍發言的場面。

學習障礙在台灣

以台灣的情況而言，目前只有資源班有服務學習障礙孩童，孩子平時會在普通班上課，每週再到資源班接受數小時的特殊教學。

利用各種不同的方法教導

利用手勢或圖片來解說，會讓孩子更容易了解。如果是用語言來解說，則最好盡量用明確、具體的方式告訴孩子。

提供多方面教導讓孩子能夠理解

就算花長時間耐心地教導，如果孩子仍無法理解，就表示該方法沒有效果。必須要配合「孩子的方式」，而不是依「老師的方式」來教導。

不會只有一個入口

人掌握、理解外在的訊息，然後再把它們變成自己的想法。除了用眼睛去看、耳朵去聽之外，還可以用手寫或是朗讀的方式等很多種方法來幫助理解。

在指導學習障礙的孩子時，除了活用上述的方法之外，還要加強他們感到棘手的部分。舉例而言，如果用眼睛看會感到吃力，那就多用耳朵去聽，或改用其他的學習方法。

只不過，與其他孩子相比，這些方法可能要花費更多的時間。因此，可以利用課餘的時間，來幫這些孩子安排課外的補習。

配合孩子特性的教材

市面上也有販售一些針對學習困難的孩子而設計的教材。內容不光只有文字而已，還有插畫或圖片，甚至還有用卡片提示的答案等，是配合孩子不同的特性，特別精心設計過的教材。

每個學科都有配合孩子特性的教材，可以用COPY的方式讓孩子反覆練習。

學習障礙在台灣

在台灣一般課程是以教育部訂定國小課程為主。至於特殊課程則由教師自編教材內容等。

配合孩子、善用方法

不要拘泥傳統或反覆的方式，最好是多善用適合孩子的「那一套」。

使用有虛線的筆記本

對寫字或畫畫感到棘手的小朋友，可以使用有虛線或方格紙的筆記簿，這樣可以幫助他們在寫字時，了解每一個方格的意義。

不要否定孩子的方法

與其勉強孩子遵照標準的方法學習，讓孩子失去學習的意願，倒不如容許孩子按照他自己的方式學習。

利用旋律或歌曲

如同在背歷史的年號一樣，可以利用旋律或改編成歌曲的方式來背。多加活用腦部的各種功能，可以讓記憶更多元化。

學校必須與家庭共同合作

在學校做的努力，有哪些事是在家裡也可以做的，家長和老師必須事先取得共識。

老師必須和家長攜手合作

關於課餘的補習或事前的準備，學校和家庭兩方面必須要共同合作才行。

老師要先讓家長了解學校的方針，讓家長在家中協助孩子完成家庭作業，並對上課內容事先預習，充分準備。唯有彼此雙方達成共識，才能有好的結果。

家庭的配合

- 閱讀教材的練習或寫注音符號
- 貫徹家庭作業

學校的配合

- 配合孩子的教法
- 課後的補充

資源班的指導①

提供孩子必要的「有利」支援計畫

就是配合個別孩子的特性，提供最適合的教育措施與服務並配合孩子的需求，給予更細心的指導。

在普通班上課有很多好處

絕大多數有學習障礙孩子都會被安排在普通班接受「融合教育」，唯有在必要的情況下，才會到資源班的教室接受特別的指導。

在普通的班級，除了上課之外，還可以學習到很多的事物，像是團體生活的規則等。

基本課程在普通班上

在普通班參加包括學習在內的一些活動，在資源班則是接受部分特別的指導。

在普通班上的課程

- 班會
- 課外活動
- 在沒有困難的範圍內上的一般學科

和其他的小朋友交流
團體生活的規則
養成在團體裡面集中精神聽其他人說話的習慣

即使在普通班上課 教學也不可馬虎

即使是在普通班級上課，老師還是會顧慮到孩子的特性，有時候也會採用小團體的方式，給予指導。只要老師肯稍微用點心思，就能讓學生學習得更順暢。一旦有學習意願，就比較容易理解上課內容。如此一來，在學習上才會出現好的效果。

配合學生特徵 營造學習環境

不過，在普通班跟其他的孩子一起上課，對學習障礙的孩子來說，有時候可能會是一大負擔。除此之外，老師本身的能力有限，要教導一群學生，也可能會心有餘而力不足。

在這種情況下，如果有資源班教室，就可以針對孩子感到棘手的科目或領域，配合孩子的特性給予指導。等孩子的學習能力提升之後，再轉回普通班上課。

配合孩子特徵進行指導以提升學習能力

這個計畫主要是依據孩子學習障礙的程度和種類，提供必要的指導。根據孩子認知上的缺失，或感到棘手的科目等，配合孩子的個別需求，分別給予不同的指導方法。

學習能力提升之後，再轉回普通班上課。

資源班有3種類型

● 自校的資源班

自己的學校就有「資源班」教室，可以在校內上課。

● 他校的資源班

自己的學校並沒有「資源班」教室，所以要到別的學校上課。

● 巡迴指導

由「資源班」教室的老師，到各所學校去巡迴指導。

「資源班」教室

依據障礙的種類和程度，配合孩子的指導方法，而提供的場所。根據不同的學校或地區，稱呼有會有所差異。針對一般的學習方法有困難的學生，則可以利用資源班的教室來進行指導。

依指導內容調整上課時間

以往資源班的上課時間有一定的限制，如今則變得比較有彈性。有些孩子可能每星期最多要上到八小時的課，有些孩子則只要每個月上課一個小時就夠了。

學習障礙在台灣

目前台灣的學習障礙孩子平時均於普通班上課，一週中僅有數節課到資源班接受特殊教學，但不是每個學校都有設立資源班，建議家長可至教育局詢問資源班設立情形。

上課的時間和內容因人而異

在資源班何時開始上課？上課的期間持續多久？用什麼方法？這些問題得視每位孩子的個別差異而定。

最理想的方式是及早因應

資源班的上課方式，並沒有典型的模式。但以學習障礙孩子的情況為例，則希望在他們低年級的時候，配合他們的認知特性，接受資源班的上課指導，並能隨著年齡的增長在升上高年級之後，減少在資源班上課的時數。

但有些孩子是上了高年級之後，因學習的內容變得比較複雜，問題才逐漸浮現出來。只不過，等到差距越來越大才開始補救，可能就得花更多的時間才行。而且，孩子在這段時間的負擔也會很重。因此，只要想到這一點，就覺得還是應該要及早發現孩子的學習困難，才能趁早提出因應的對策。

指導內容依學生需求改變

如果是從低年級就開始接受指導，則可以替孩子打下良好的學習基礎。

剛開始……

學習一些必要、基本的課程。

配合認知上的缺失教導

針對用眼睛看會感到吃力的孩子，可以改用朗讀的方式唸給他聽；配合孩子的能力，幫助他們培養學習能力。

一旦養成學習能力之後……

可以採用適合他們年級的問題，提高他們的應用能力。

配合問題的難度提升孩子的理解能力

提升孩子每一科的學習能力，讓他們待在普通班級上課的時間可以變得更長。

以一對一到小團體的方式進行指導

「資源班」教室會針對孩子的不同需求，給予個別指導或以小團體的方式進行指導。

進行個別指導

針對比較不容易集中精神或無法養成學習習慣的孩子，採用一對一的指導方式。

有些地區會使用「個別的指導」，把需要指導的孩子與其他同學分隔開來。

等孩子養成學習的習慣之後

讓孩子慢慢養成讀書的習慣，可以自己專心唸書。

配合學習的內容

在上社會技能或團體課的時間，可以跟其他的同學一起活動。

以小團體的方式進行學習

除了團體一起學習之外，爲了讓孩子熟悉資源班的氣氛，所以有時候也會採用個別學習的形式。

每個小團體由一至二位的老師進行指導。

採用個別指導或小團體的方式學習

在「資源班」的教室，會配合孩子的理解程度或學習的領域，除進行一對一的個別指導之外，同時也會採用小團體的指導方式；有些地區還會特別設置個別指導專用的小房間。

讓孩子體會學習樂趣增進學習意願

任何人如果很努力卻仍老是被罵，肯定會覺得很無奈也無趣。而在學習障礙的孩子中，有不少案例，都是因此對學習失去興趣的。

不要吝於讚賞孩子

常聽人說：「養育小孩要用讚美的方式」，但學習障礙的孩子更需要細心的呵護，無論是多麼小的事情都好，多給他們一些具體的稱讚吧！畢竟成功的喜悅，可以轉化為前進的動力。

「成功」和他人的肯定是學習的助力

讓孩子的努力得到身邊的人的肯定。成功所帶來的喜悅，就是支持孩子最大的力量。

「成功」的心情是學習的動力

達成一個目標所得到的自信和滿足感，可以讓孩子變得比較積極，心想說不定下一次還是可以做得到，因而成爲他前進的動力。

成功是成長的糧食

雖然俗語說：「失敗為成功之母」。但是，如果失敗太多次，反而會失去幹勁。尤其是學習障礙的孩子，如果再怎麼努力還是學不會，甚至總是成為衆矢之的，到最後肯定會失去學習的意願。

學習障礙的孩子最需要的就是成功，並且得到周遭的認同。要建立一個良好的循環，就是先設立一個小目標，不管是什麼小事都無所謂，只要具體地指導他們要如何做才能成功。達成目標，讓他們嘗到成功的喜悅，遠比成就感更為重要。

先訂一個大目標再細分為多個小目標

由於學習障礙的孩子在學習上比較容易遭受挫折，為了要讓他們體會成功的感覺，所以周遭的人必須要多用心關心孩子的成長。除了訂立最終的大目標之外，不妨再多細分為一些小目標，讓孩子可以逐一完成。

訂立一個一整年的目標

最好事先訂立可以明顯獲得評價的目標。除了是跟學習有關的目標之外，也可以訂立其他的目標。

先設立小目標再慢慢往前推進

像是不要一開始就期望孩子，「不要在教室內走動」。不妨先設立一些容易達成的小目標，像是要孩子「忍耐十分鐘」或「忍耐二十分鐘」等。

目標要多元不要只偏重學科

除了學習之外，不妨也設定一些孩了比較不擅長的生活常規。像是「玩遊戲時遵守規定」、「吃午餐時不要走來走去」等。

在學校讓孩子有個可以容身的地方

在學習障礙的孩子當中有很多的案例，都是因為人際關係不好，所以交不到朋友，或是因為學業跟不上，所以輟學等。

對於這些孩子而言，只要多給他們機會，讓他們體會到學習的樂趣，相信一定可以提高他們想要上學的意願。除了在教室稱讚孩子，讓他們擔任股長之外，其實還有很多方式都可以幫助他們重拾學習的信心。

不過，如果輟學的時間很久，或是在校的問題比較複雜，恐怕就得要找心理醫生諮詢才行。

個別給予評價

即使在稱讚孩子的時候，也不要拿他跟其他同學比較。只要孩子今天的行爲表現比昨天進步，就要盡量給予誇獎。

改善孩子不良行爲的惡性循環

小孩子都很誠實。只要心裡一想到什麼，往往就會表現在行爲上，所以要改善孩子的行爲，就必須先要了解他們的心情。

探討問題行為背後的原因

不要光是把焦點放在孩子的問題行為上，還要注意孩子情緒上的變化，才能避免惡性循環。

開端

引發孩子的問題行爲，背後一定有他的情緒原因。

- 課業有不懂的地方。
- 覺得很無聊。
- 耐不住性子。

問題行爲

爲了滿足自己的情緒，因而引發問題行爲。

- 大聲喧嘩或來回走動。
- 干擾隔壁的同學。

結果

如果老是讓孩子得到他所想要的結果，恐怕只會助長他的行爲，讓事態擴大。

- 上課中斷。
- 受到大家的矚目。
- 引起周圍的騷動。

模式化造成事態擴大

如果孩子常常因爲這些不當行爲而得到他想要的結果，就只會讓他行爲變得越來越糟糕，而陷入一種惡性循環。

不偏限制搗亂行為，而要了解心態

對於這些反覆出現問題行為的孩子，如果光是制止他們的行為，而不去了解他們的心態，則不會有很好的成效。

如果孩子是因為課業有不懂的地方，或是因為感到上課無聊才起來四處走動，那麼就必須對孩子的功課加強指導。如果他是因為無法忍耐而不遵守規定，就要教導他學習忍耐。

如果是經常跟同學打架的孩子，很有可能是因為他不擅長溝通的關係。如果是這種情況，不光是他本人需要改善而已，同時也要改變周圍的人與他相處的方式。

告訴他「為什麼不可以」

絕對不要斷定有問題行為的孩子，就是不懂。不要光是制止他的行為，而是要教導他正確的行為，讓他知道該怎麼做才對。

1 在制止的時候要具體的告訴他。

由於學習障礙的孩子有認知上的缺失，因此有時候學不會「在這種情況下應該要怎麼做」。因此，要教導他們在不同的情況下，採取適當的行動。

不可以這樣做！
你看大家都遵守秩序，你也試試看吧！

2 在他行動之前就要先制止他。

在孩子行動之前就先制止他，讓他養成踩剎車的習慣。

要遵守秩序喔！

3 他要是停止，就要稱讚他。

爲了養成孩子的好習慣。所以只要他做的到，就要立刻稱讚他。尤其是那些爲了引起他人注意而故意做出問題行爲的孩子，與其去督促他改正行爲，不如稱讚他，效果反而更好。

你有遵守秩序耶！很棒喔！

仔細傾聽理由

只要周圍的人肯仔細傾聽他們的心聲，用心接納他們，相信他們的問題行為就會減少。如果孩子不愉快的情緒無法得到周圍人的理解，這些問題行為也就很難得到改善。

首先不妨傾聽孩子的心聲，試著去了解他們為什麼要這麼做。如果孩子自己無法說出口，那麼周圍的人不妨替他想想可能的原因。只要周遭的人肯體諒孩子的心情，相信孩子也會努力說出自己的心聲，而不是表現在行為上。

學習人際溝通的規則和禮儀

所謂的社會技能，就是在社會中生活，以及建立人際關係所不可或缺的基本常識。但通常學習障礙的孩子都具有難以學會社會技能的傾向。

培養在社會上立足必要的基礎能力

不同於學習的能力，以前的想法大多認為，社會技能是在團體生活中自然而然就可以學會的。

不過，最近才發現有些孩子是因為有學習障礙的問題，或是缺乏自信等，導致他們在學習社會技能方面出現困難。

想要在社會生活中自立，社會技能是不可或缺的。因此，在資源班中也會針對那些在學習社會技能上出現困難的孩子，提供各種必要的指導，像是如何與人打招呼或是人際關係間的規則等。

只要用頭腦理解、身體自然也就學會了

先用腦頭去思考，跟人打招呼或道謝的時候該怎麼說，自然而然就會說出口了。不妨請孩子一步一步地慢慢學習。

先在教室練習

在教室由老師或同學之間相互練習，如何跟人家打招呼或道謝。

用說話、印講義或示範的方式學習

光是用說的方式，可能有些孩子很難理解。因此，不妨配合孩子的理解方式，使用卡片或文章來學習。除此之外，用示範的方式，效果應該也不錯。

配合遊戲練習

除了設定不同的場合，分配角色讓學生練習之外，也可以採用遊戲或發講義的方式練習。不妨配合孩子的認知缺失，使用各種不同的方法。

大多是用看的方式學習

對正在學習社會技能的孩子而言，所有外面的世界都是他們學習的典範。

周圍的人要提供良好的榜樣

當老師在走廊遇到學生時，不妨笑著打聲招呼說：「早！」如此一來可以成爲學生的好榜樣。

他們也會模仿不良示範

當老師感到心浮氣躁的時候，可能會對學生的打招呼視而不見。但這些小小的舉動，恐怕會成爲學生的不良示範。

整合環境

社會技能跟環境有很深遠的關係。因此，只要周遭的人多用一點心思，就能營造出一個良性的循環。

讓他們隨時隨地都可以學習

即使是在教室外面也可以學習。

明確地稱讚及建議

觀察孩子的情況，隨時給予矯正；如果孩子有好的表現，就要給予稱讚。最好是用具體的方式，讓他知道什麼地方表現得很好。在糾正孩子的時候，也要給他比較積極的建議，像是「這樣做會比較好喔！」

在班上

像是上學、放學或是上課時的打招呼等，生活中有很多場合都可以培養孩子的社會技能。

同學之間

比較不熟悉社會技能的孩子，可能會被其他同學取笑。老師在指導的時候，要特別注意這一點。

家庭

家長要先了解孩子在學校學習的事物，同時提供必要的協助。唯有和諧的家庭氣氛，才能讓孩子完全發揮他所學到的社會技能。

超越學校的框架讓支援得以延續

針對學習障礙孩子所提供的支援計畫，應從學校擴展到社區，從教育到就業都有相關性。

從小學開始每學年重新評估指導內容

配合孩子的特性所擬定的個別指導計畫，在每一個年度都會進行重新評估。一面著手改善，一面延續。

檢討每一年間的指導內容和成果

細心擬定關於個別指導計畫的目標和指導方法等，並在每一學年結束的時候，檢討看看達成的效果如何。

由校內委員會負責

校內委員會要同時負責擬定和檢討個別的指導計畫。他們的目標是給予持續性的支援。

擬定下個年度的個別指導計畫

以上個年度的成果爲基礎來加以檢討，再擬定下個年度的個別指導計畫。因此，一定得正確掌握孩子目前的情況，才能配合孩子的成長，擬出更詳細、更完善的計畫。

傳承

把關於孩子成長的情形，以及指導的情況，傳承給下一任接棒的老師。

孩子出社會之後的支援

個別的指導計畫，是在孩子的就學時期就已經擬定好的。不過，等到孩子畢業之後，孩子的生活場合也將轉移到社會上。

因此，將來有必要建立長期的「個別教育支援計畫」，不僅限於學校教育而已，同時也要把學生畢業後的社會福利、醫療、勞動等也納入支援的範圍。

個別教育支援計畫

個別的指導計畫

學校之間和支援計畫也要傳承

讓孩子升學之後，在新學校也能接受指導計畫。

國中、高中時期

- 增加學習的內容、提高難度
- 出路指導
- 學科導師制

上國中、高中之後，不但學習的內容變得更複雜，每一門學科的老師也跟著改變，這樣的學習環境，對學習障礙的孩子來說相當不利。

因此，在擬定個別指導計畫時，不光是要考慮到傳承的問題，同時也要考慮資源班場地的維護等，以期待今後的特別支援教育更加進步。

在未來

- 擬定個別的教育支援計畫

在必要的情況下，由就業、福利有相關的機構，繼續支援。

工作與就業

交由當地的就業輔導機關或是身心障礙者就業輔導單位、庇護性工廠等負責。

福利諮詢

提供生活上的諮詢。

支援計畫要能延續

由於以前針對學習障礙或注意力缺失過動症的孩子，都是以班級為單位採取因應的措施。因此，只要孩子一換班級，班導師跟著改變，像是指導內容等，就會出現難以延續的困難。

不過，日本如今則是透過校內委員會，針對全校有教育上需要的孩子提供指導，而且會在每年度重新評估個別的指導計畫。因此，使下一個年度得以傳承，讓學生可以獲得更充實的指導。

各機關的相互合作是不可或缺的

根據每一位孩子不同的情況和年齡，所提供的必要支援計畫也會有所不同。未來有必要擬定與就業或福利機構有關的支援計畫。

要達到配合每個孩子的特性，提供他們更周詳的支援計畫，這些機構就必須要相互合作，共同分享一些必要的資訊才行。

關鍵在於孩子是否能夠設定目標

在決定未來出路的時候，當然要考慮「想做什麼樣的工作」或「會做什麼事」等，最重要的是，該出路的選擇是否有得到孩子本人的認同。

中學畢業後的出路

國中畢業之後，有很多不同的出路可以選擇。
家長不妨事先掌握一下資訊，再找個機會跟孩子聊聊。

除了一般的就業管道之外，還可以透過身心障礙就業輔導機構的協助。

一般高中

除了有日間部、夜間部等，還有普通課程和職業課程可供選擇。

高中職身心障礙特教班

可以學習職業技術的高職專科學校。

自由學校

像是私立學校等。

特殊教育學校

可以獲得地區的網路資源，得到職業訓練等的好處。

提早把出路納入視野

隨著孩子日漸成長，也要慢慢決定孩子未來的出路。必須在孩子擅長和不擅長的事，以及想做的事情之間做個妥協。

與其他孩子相較，學習障礙的孩子比較早期就可以看出自己擅長和不擅長的事物。因此，不妨趁早考慮孩子未來的出路，這也是一種支援。

由孩子自己決定比較會想努力

學習障礙的孩子在決定選擇升學或就業等未來出路時，比較容易遇到挫

選擇未來出路的關鍵態度最重要

無論未來選擇升學還是就業，以下的三項要素，都是不可或缺的考量。

讓孩子自己選擇

從許多的選擇中，自己挑選出最適合自己的出路。因此，必須要有冷靜、理性的判斷力。明確知道自己擅長和不擅長的事物。

讓孩子從失敗中學習

在失敗的時候擁有反省的能力很重要，讓孩子想想自己爲什麼會失敗，下一步又該如何做？是否還有其他的選擇等？把失敗的經驗當作重新出發的跳板。

讓孩子擁有目標

擁有目標，知道自己想要做什麼或想要善用自己的專長等。如此一來，比較會有奮發向上的毅力，收穫也會更多。

讓孩子「自己作決定」

決定出路並非一朝一夕的事情。因此，身邊的人可以提供他意見。家長從小就要培養孩子自己思考的能力，讓他自己作選擇。

折。在這種情況下，有兩項要素關係到孩子是否有想要繼續努力的動力。

一項因素就是經過自己思考後所選擇的出路；另外一項就是，是否可以克服失敗。如果出路的選擇不是出於孩子自己的本意，只是人云亦云，那麼一旦遭遇到挫折，可能就很難持續。

但如果是孩子自己決定的，那麼就算失敗，他也會認為原因出在自己身上，所以就會再努力克服，奮發向上。

身邊的人最好先了解孩子擅長和不擅長的事物，然後提供給他們參考。不過，在決定出路的時候，還是讓他們自己作決定會比較好。

運動可以促進腦部的發育

活動身體的刺激可以傳達到腦部

在美國或歐洲國家，自古以來就一直有在進行學習障礙或失讀症（閱讀障礙）的相關研究；其中又以「感覺統合療法」受到最廣泛的應用。

所謂的「感覺統合療法」，以最簡單的方式來說，就是藉由運動或觸覺（接觸各種東西）的方法，來刺激大腦的各個部位，以加強該連結的一種治療方法。

感覺統合治療效果有限

不過，就關於學習障礙的治療來說，感覺統合療法是針對腦部仍在發育的幼兒，也就是六歲以前的幼童效果比較明顯。因此，醫生大多會建議家長在小孩六歲之前給予集中的訓練。反過來說，一旦孩子超過八、九歲，由於腦部的發育已經達到了某個階段，因此，治療的效果也許就沒那麼好。

運動不分年齡，且是培養人際溝通非常重要的機會。因此，家長也不要太在意症狀是否有改善，最重要的是守護孩子的成長。

第四章

在教育方法和指導方式下功夫

家庭是讓孩子感到安心的場所，

同時也是可以讓孩子學到很多東西的地方。

以下就要向大家介紹一些在家庭中可以做的事情。

注意不要太過極端寵愛或干預

太過寵愛孩子很容易變成溺愛；太過注重孩子的能力發展，又可能會太過嚴格。

讓家庭成為永遠不變的依靠

讓所有的家庭成員都知道孩子的情況，共同營造一個可以讓孩子感到安心的環境。

教養方式一致

管教孩子的方式，父母雙方最好一致。

教養態度一致

如果家中每個大人的教育方式都不太一樣，或是對待孩子的態度是看心情好壞而定，那麼會讓孩子感到無所適從。

父母最好撥出時間和孩子聊聊當天所發生的事。

要有共同的認知

關於學習障礙的知識或孩子的狀態，家中所有成員要一起討論，以達到共識。

家庭是孩子學習及休息的場所

對孩子而言，家庭可以說是他頭一次接觸到的社會；透過教養的管道，可以讓孩子學習到各種不同的事物。

學習障礙的孩子一旦上學之後，很明顯地就可以看出學習能力的差異。因此，在家中的教養不要只注重他們的學業成績，也應該要培養他們的耐心或毅力。從比較長遠的眼光來看，最好是讓他們有機會去體驗日常生活的各種事情，藉以培養勇氣、社會性，以及自我選擇的能力等，這樣對他們比較有正面的幫助。

要注意不要「太超過」

無論是稱讚、責備或阻止等，在對待孩子的態度上，都要注意不要太過。

太過寵愛

太過溺愛孩子，無論他做什麼事都不責備他，這樣孩子什麼事也學不會。提供支援，幫助孩子達成心願，跟凡事都順著孩子，是兩回事。

會阻礙孩子的自立和自律

太過干涉

如果一看到孩子做不好，就出手幫忙或幫孩子做，那麼孩子可能一輩子也學不會。除此之外，也不要一一確認孩子有沒有完成，或是給太多的指示，否則將無法培養孩子思考的能力。

太過放任

不要對孩子說：「你愛怎麼做就怎麼做」，或強迫他早點獨立。對待孩子的方式最好是要配合孩子的年齡。

無法培養孩子的自尊心和幹勁

太過嚴格

如果一心想要教導孩子或是對孩子有過多的期望，可能就會給孩子太多的命令或是禁止，如此一來可能就會變成常常在責罵孩子。

配合孩子的年齡給予支援

孩子在不同的年紀，所需要的東西也不一樣；應該隨著孩子的成長給予支援。

適當地提供支援以幫助孩子成長茁壯

在孩子不同的年紀，父母可以提供的支援也會有所不同。

幼年期．低年級

與孩子的親密接觸
可以帶給他自信心
和安全感。

● 提早諮詢

雖然學習障礙的判斷，通常是等到孩子入學以後才會發現，但像是注意力缺失過動症的孩子，很容易有學習障礙的併發症，有些是在幼年期就可以診斷出來。如果家長能夠及早發現，就能提早開始提供支援，也可以提升學習的效果。

● 珍惜與孩子相處的時間

不要過於嚴格管教孩子的功課，有時候也要陪孩子度過悠閒的時光。

一步一步慢慢地擴大視野

一般的社會觀念認為孩子在上學之前就應該學會認字。這對家有學習障礙孩子的家長來說，的確是一件相當辛苦的事。

有人就用登山來比喻這種辛苦。如同登山只能一步一步地往前走，養兒育女也一樣，只能一步一步慢慢來。想到前方將會是一片遼闊的視野，不妨先站穩腳步，陪伴著孩子一步一步慢慢地往前走吧！

青春期・青年期

父母應該尊重孩子自己的選擇。通常在這個階段，孩子關於未來出路的煩惱或失敗也會增加。切記他本人的內心一定比任何人都要難過。因此，大家不妨陪著他一起出主意，直到他自己得到結論為止。在這種情況下千萬不要責備他：「你果然還是不行」或是「不要人云亦云」等。

● 關於自身的事

幫助孩子能夠做出客觀的判斷。除了知道自己的專長之外，也要知道理想跟現實之間往往會有衝突。

● 關於出路

要讓孩子自己思考，身邊的人不要告訴他該怎麼做。有時候逼他選擇繼續升學，高學歷及自尊心，反而會成為他將來就職的困擾，讓選擇職業的範圍變得更狹隘。

不要過度干涉，才是守護孩子正確的方法。

高年級

● 在一旁守護、不要干涉

不要直接幫孩子準備上學要帶的東西或作業，而是從旁提醒，讓他自己學會。畢竟升上高年級之後，課業的內容變得比較難，家長所能教的也很有限。

刻意隱瞞反而會造成負面影響

當孩子對自身的情況有所疑慮時，家長應該據實以告。除了學習障礙的相關訊息之外，即使是日常生活中的小疑惑，也要養成彼此溝通的習慣。

不過，如果是在學校與同學之間發生問題，孩子往往不肯跟父母說。因此，只要父母對孩子平常的情況有所了解，就能及時察覺孩子是否有問題或是煩惱。

學習障礙在台灣

如果您觀察到孩子平時學習有困難，或是和同年齡的小朋友比起來比較吃力，或在速度上顯得落後，這時候你可以：

- 學齡前，可以帶小朋友到醫院做檢查。例如：兒童心智科。
- 入學後，可以轉介到各縣市教育局的特殊教育學生鑑定及就學輔導委員會（簡稱鑑輔會）作相關的鑑定。

不要勉強孩子唸書

把課業交給學校。家長的責任是要讓孩子養成良好的生活習慣，以及培養孩子的社會性和自主性。

一知半解的教法只會引起爭吵

家長在教導孩子時，如果方法不當，沒有配合孩子的認知缺失，不但效果不佳，反而會增加孩子的痛苦，引起親子之間的爭執。

即使在家也無法休息

其實孩子上學已經很辛苦了，回到家不妨就讓他們好好休息，不要一直逼他們唸書，否則他們連個可以休息的地方都沒有。

感到無聊

如果在家和在學校都一直在唸書，反而會讓孩子覺得很無趣。

混亂

如果學校所學的方法跟家長教的不一樣，則會讓孩子感到混淆，無所適從。

家庭教育更重要

或許有很多人認為，在家中也要讓孩子唸書，才能提升孩子的學習能力。不過，如果方法不當，讓孩子長時間坐在書桌前面，非但沒有效果，反而還會增加孩子的痛苦。

與其讓孩子在家養成自己做功課、自修的習慣，不如讓他學習一些讀書以外的經驗。尤其是對年紀很小的幼兒來說，家庭跟學校完全不同，是非常重要的學習場所，像是基本的教養、幫忙做家事、規律的作息時間等，對孩子而言，都是將來獨立生活時不可或缺的寶貴經驗。

家庭生活可以學到更多東西

家庭是讓孩子學會可以獨立生活的場所，像是跟人打招呼或做家事等，不妨讓孩子反覆練習，增加他們學習的機會。

8點了，該去作功課了。

規則的作息時間

- 時間的感覺
- 自律性

像是固定的看電視時間等，讓孩子養成自我管理的習慣，會自己看時間行動。學會對時間的感覺，培養自律性。

幫忙做家事

- 責任和義務
- 順序或應用

幫忙做家事，是孩子最早接觸的工作，應放心交給孩子做，讓他有責任感，相信當他完成後的成就感，會比任何獎賞都來得好。

規矩、禮儀

- 社會技能
- 人際關係

像是如何與人打招呼或道謝等，家人之間也要徹底做到這些基本的禮儀。

很晚了，
該上床囉！

學習的應用

- 實際的生活能力

讓孩子有機會運用在學校學習到的知識。舉例而言，可以讓孩子接聽電話，練習在學校學到的社會技能，或是讓他去買東西付錢，運用在學校學到的算數知識等。只要父母肯多用點心思，相信生活中就有很多可以讓孩子學以致用的機會。

我會自己付錢喔！
¥1000

要一視同仁，平等對待

跟孩子相處時的關鍵字就是「平等」。
對待每個孩子都要一視同仁。

不要讓兄弟姊妹之間有太多的競爭心

不要因為年紀或能力改變對待孩子的標準，應該把每個孩子都當作是不同的個體看待。通常小孩對大人的情緒反應都很敏感。因此，最好是讓他們自然學會互相照應。

對學習障礙的孩子而言，兄弟姊妹可以說是他最好的同伴和支持者。

年長的孩子

可以請年長的孩子，幫忙照顧學習障礙的弟弟或妹妹。

若學習障礙的孩子比較年長

讓他們有機會學習當哥哥或姊姊應該要有的榜樣。

年幼的孩子

不要拿他的成績或能力跟其他的孩子比較，可以找機會好好跟他說明關於學習障礙的事。

不要對孩子說：「因為你比較大，所以要讓弟弟妹妹」

不要用兄弟姊妹的角色來看待他們，應該要以個體看對。

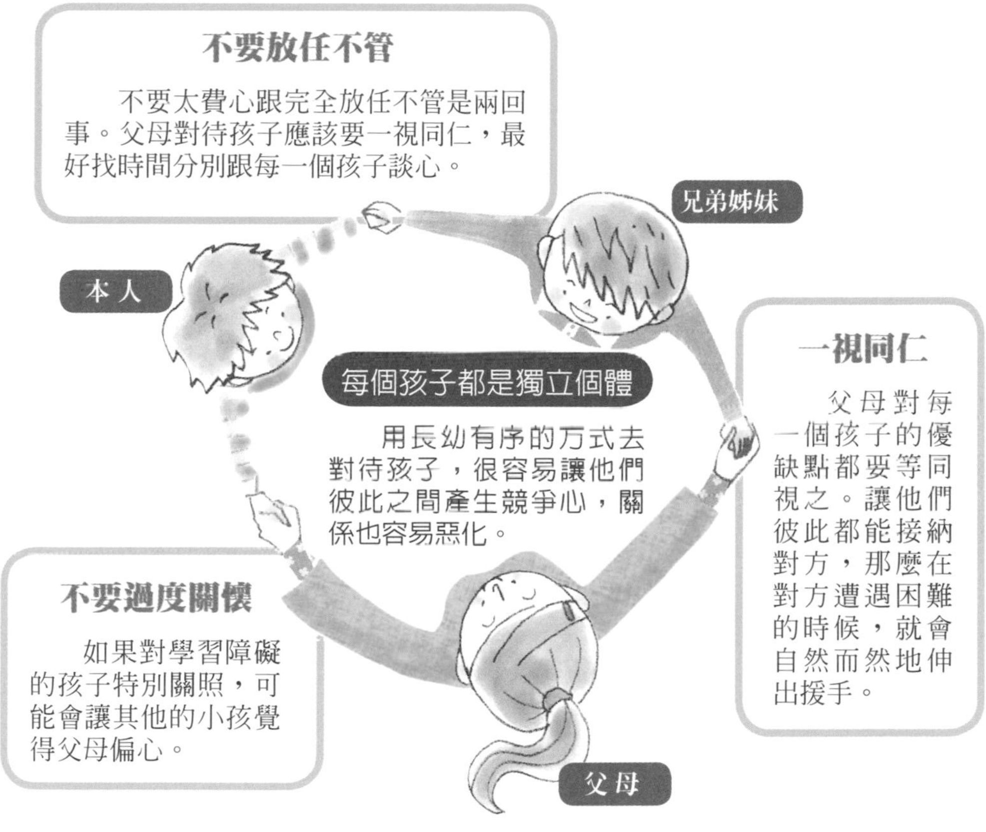
不要放任不管
不要太費心跟完全放任不管是兩回事。父母對待孩子應該要一視同仁，最好找時間分別跟每一個孩子談心。
兄弟姊妹
本人
每個孩子都是獨立個體
用長幼有序的方式去對待孩子，很容易讓他們彼此之間產生競爭心，關係也容易惡化。
一視同仁
父母對每一個孩子的優缺點都要等同視之。讓他們彼此都能接納對方，那麼在對方遭遇困難的時候，就會自然而然地伸出援手。
不要過度關懷
如果對學習障礙的孩子特別關照，可能會讓其他的小孩覺得父母偏心。
父母

應該要個別看待每一個孩子

如果家中有學習障礙的孩子，父母往往很容易會把焦點放在他的身上，其他的兄弟姊妹則被迫要自立自強。因此，最好避免這種情況，父母對每一個孩子都應該要一視同仁才對。

不要拿孩子互相比較

不要用年齡來斷定孩子的角色或是對孩子說教。拿兄弟姊妹作比較，只會造成他們之間一些不必要的壓力而已；家長應該接受每一個孩子都有他們獨特的地方，不要用兄弟姊妹的關係來看待他們。

明確指出要讓孩子學會的事情

教導孩子的重點就是「簡單明瞭」和「反覆練習」。嘗試縮小範圍，否則如果一次太多，反而會讓他們感到混亂。

從這些事情開始

教養是學習社會性的第一步。因此，要選擇具體的目標，最好是從生活中能夠立即應用的事情開始著手。

嚴格篩選要讓孩子遵守的事項

不要只是教孩子忍耐。應該給他們一個明確、具體的指示，讓他們知道父母希望他們能夠做到哪些事，什麼事是不該做的，要讓他們確實做到以下四點：

希望孩子學會的事情

① 有自制力、可以忍耐
② 能夠遵守指示
③ 能夠遵守秩序
④ 有耐心

絕對不行做的事！

- 敲打或破壞東西
- 吃飯的時候走來走去
- 在小地方裝傻

總之先從基本的事項著手，剩下的以後再說。

- 聽到父母的叫喊一定要回答

希望能夠遵守

嚴格篩選要讓孩子學會的事情

如果一下要讓孩子學太多事情，不但要花很長的時間，效果也會大打折扣。因此，最好先挑選幾項真正必要的事情，再訂出具體的規則。先等孩子確實做到之後，再慢慢增加其他的規矩。

把應該要做的事情明確化

　　不妨配合孩子的年齡設定學習項目，之後再慢慢增加他應該做到的事。最好是做一個檢查表，讓孩子更容易了解，一看就知道什麼是他應該要做的事。

讓孩子主動思考自己該做的事

　　培養孩子自動自發的能力。就算身邊沒有人給他指示，他也可以自己判斷該做什麼事，同時知道先後順序。

應該做到的事	一	二	三	四	五	六	日
早上打開窗戶。							
準備上學要帶的東西。							
做功課。							
晚上關上窗戶。							
幫忙準備晚餐。							
洗澡。							

做不到也不要責怪他們

　　孩子有做到時給予獎勵，但沒有做到時，也不要責備他們。不妨直接告訴他們，「你今天忘了做什麼事」，讓他們有重新改過的機會。

以獎勵提高孩子的意願

　　家長可以用打分數的方式，如果孩子做到時，就在該檢查表的項目上打圈圈，給孩子當作獎勵，藉以提高他們的意願。

從最低限度開始

　　要讓孩子養成良好的習慣，需要花一段時間。因此，不妨從最基本的開始教起，像是準備上學要帶的東西等。

一點一滴慢慢開始

　　「應該做到的事」和「不可以做的事」，項目越少，孩子越容易記住。在教導他們的時候也會比較徹底。因此，最好讓他們慢慢學會養成好的習慣。

孩子做到時給予正面的鼓勵

　　教養孩子需要時間和耐心。有時候會深感挫折，為什麼孩子就是學不會呢？但這種心態只會徒增孩子的痛苦而已。

　　有人建議可以用獎勵的方式來教養孩子（請參考P85）。不過，這種做法有贊成和反對的兩派意見。但是，從孩子的立場來考量，用具體的獎勵方式也算是一種不錯的方法，較能提高孩子的意願。只要注意獎勵的質與量，長期使用，應該會有不錯的效果才對。

明訂獎懲規則

如果是隨心情好壞去稱讚或責罵孩子，孩子就會不當一回事，所以一定要貫徹管教的原則才行，要讓孩子清楚知道是在「何種情況下」和「爲什麼」。

以簡單明瞭為原則

在管教孩子的時候，不能光是用命令的方式，如果孩子無法遵守規矩，還是得要適時地責備才行。

基本上，稱讚或責備孩子的原則都是一樣的。不要有例外，一定要立即做出反應。如果昨天可以這樣做，今天卻不行，那麼這種管教方式是毫無意義的。除此之外，一定要當場指正，因為如果事後才說，孩子會不知道自己錯在什麼地方。

在責罵孩子的時候，不要嘮嘮叨叨地碎碎唸，而是要很清楚地告訴他哪裡不對。另一方面，在稱讚孩子的時候，也要具體地讓他知道。

責罵孩子時的注意事項

要很有技巧地責罵孩子，的確不是一件容易的事。首要原則就是態度要很堅決，不行就是不行，絕對不能妥協。

要馬上責備

如果孩子做出不可以做的事，就要立刻責備他。因爲一旦時間久了，孩子就會分不清楚前因後果，只會留下不愉快的感覺而已。

讓孩子立刻清楚知道

配合孩子可以理解的方式，清楚地告訴他。如果孩子的聽力不好，不妨用手勢，在胸前比不可以。總而言之，要設法讓孩子立刻知道。

原則要非常清楚

責罵孩子的原則一定要很清楚，絕對不能夠讓步。如果大人的管教方式不一致，孩子也不會認眞看待。

稱讚孩子的好習慣

當孩子有確實做到時，要不吝給予稱讚，讓他覺得更有成就感。如果父母採用獎勵的制度，讓孩子在達到一定的點數時，可以換取他想要的獎品，那麼就要特別注意成果和獎勵兩者之間的平衡點。

幼年時

- 立刻稱讚
- 給予獎勵

當孩子有做到父母的要求時，不光是口頭上的稱讚，也可以採用獎勵的方式。不過，當獎勵的方式（量或內容）不統一時，效果也會大打折扣。

當孩子有完成的事時，給予點數當作獎勵，當他做錯事時則可以用扣點數的方式處罰。

學童期（低年級）

把累積的點數換成獎品

等孩子年紀較大之後，不妨採用給點數的方式當作獎勵。只要他做到某件事，就換算成點數，再用點數來換取他想要的獎品；至於獎品的種類則可以讓孩子自己選擇。

學童期（高年級）

讓孩子有機會養成對金錢的概念

有些家庭是採取給零用錢的方式當作獎勵，讓孩子在家裡用打工的方式換取零用錢。

努力得到報酬，讓孩子也享有工作的成就感。

協助重點

教導孩子按部就班反覆練習

幫忙做家事是培養社會性、自主性、責任感最好的教材，應教導孩子按部就班、反覆練習讓孩子記住；而這同時也是充實親子溝通交流的寶貴機會。

有順序地指示

可以一件一件地慢慢交代事情，讓孩子幫忙去做。舉例而言，今天請孩子準備擺好碗筷、明天請他幫忙收拾餐桌等，但如果事情太過分散，孩子往往會記不住。

要按部就班，目標明確

告訴孩子要做什麼事，接下來要做什麼。要讓孩子清楚知道作業的目的和流程，否則孩子會記不起來。

享受做家事的樂趣

最重要的是，讓孩子能夠樂在其中，不要太在意一定要教會他什麼事情。

我們來做○○吧！

↓

首先幫我拿○○過來

↓

接下來做△△

要有欲速則不達的心情

孩子所接觸的第一個工作可能就是幫忙做家事。同時也是教養的機會，因為對孩子而言，那是可以獲得大人肯定的一項挑戰。

雖說是幫忙做家事，但並不是拿東西等這種單純的作業。以洗盤子為例，要從頭到尾把整個流程告訴孩子，並讓他反覆的練習，如此才有意義。

剛開始完全放手讓孩子去做，可能做得不完全又花時間。不過，不妨把它當作一項課題，讓孩子自己努力去完成，相信那種成就感是任何東西所無法取代的。

記住！欲速則不達，要讓孩子凡事慢慢來，家長就在一旁守護吧！

反覆練習、一步一步慢慢前進

如果突然放手交給孩子去做，他當然無法一下子就學會。所以一定要先陪著孩子一起做，然後再慢慢地教會他怎麼做。

示範給孩子看

不妨同時示範流程給孩子看。跟孩子一起做家事，先示範給孩子看；或是一邊做一邊跟他解說整個步驟。嘗試用各種不同的說法或方式，讓孩子理解。

給予評價

先稱讚孩子，先慰勞一下孩子的辛苦。

放手讓孩子做

一旦交給孩子去做之後，最好盡量不要插嘴。如果孩子賣力在做家事，家長卻在一旁碎碎唸，反而會讓孩子失去做家事的意願。因此，孩子在做家事的時候，家長最好不要干涉，放手交給孩子去做。

如果有需要改善的地方再慢慢告訴孩子

如果發現孩子有做得不夠完善的地方，不要直接跟他說：「這裡做不好」，要婉轉地對他說：「如果下一次這裡改用這樣做，就會更完美喔！」

培養選擇的能力

讓孩子有機會自己選擇、自己思考

自我選擇和自我決定的能力，並不是與生俱來的。要在日常生活中多給孩子機會培養。

選擇是支撐孩子自立的力量

有自我選擇能力的孩子，會對自己的選擇負責。因此，就算面對失敗也可以從中記取教訓，迎接下一次的挑戰。

因此，從小就要培養孩子有自我選擇的能力。像是買衣服或鞋子等都無所謂，剛開始不妨從小事情開始。可以先從2～3種的選項讓孩子做決定。等孩子大一點，再告訴他其它的條件，像是價格或材質等，提高孩子的自主性，讓他在一定的範圍內做出選擇。

不要告訴孩子：「該挑選哪一樣比較好？」而是先準備幾樣可供孩子選擇的選項，給孩子機會做出「更好的選擇」。

製造選擇的場面

剛開始任何東西都可以讓孩子挑選，最重要的是要讓他自己選擇必要的東西。

依照孩子的年齡改變選擇的範圍或數量

一旦讓孩子養成自己選擇的習慣之後，再訂立條件讓他選擇，像是價格或使用的目的等，提高設定選擇的自由度，藉此增加讓孩子思考的機會。

把選擇的項目縮小到2～3樣

如果要讓孩子從一堆東西中挑選出特定的項目，的確是有點困難。因此，不妨事先幫他選好幾樣，再讓他從中挑選出他想要的。

要對自己挑選的東西負責

告訴孩子：「自己選擇的東西，要好好愛惜喔！」讓孩子學會對自己所選擇的東西負責。

督促孩子養成發問的習慣

讓孩子養成會開口發問的習慣，在他對自己的選擇感到困惑的時候，就可以詢問他人的意見。

該怎麼做才好呢？

X **要這樣做！**

X **自己想，隨便你愛怎麼做都行！**

O **爲什麼你會覺得困惑呢？我個人的想法是這個樣子的。**

不要養成等待指示的習慣

如果只要孩子一問，大人立刻就告訴他該怎麼做，那麼這樣久而久之，孩子就不會自己主動思考，只會聽從大人的指示去做。

可能永遠都不知道該怎麼做

如果不理睬孩子的問題，可能會養成他日後都不聽從他人的意見，而演變成一個我行我素的人，反而更不利。

讓他知道說明的必要性

當孩子感到不知所措的時候，要讓他養成具體說明的習慣。如此一來，別人才會知道他什麼地方不懂，以及想做什麼事情。

培養他自己找答案的能力

不要指示他該怎麼做，而是提供他意見。讓他有機會練習，如何參考他人的意見，然後再找出更好的答案。

自然而然知道該怎麼做

懂得在自己感到不知所措的時候，詢問他人的意見，這是在社會上自立不可或缺的能力。因此，要督促孩子養成開口向他人詢問的習慣。

當孩子感到無所適從的時候，父母不要立刻替孩子做決定。最好先問問他對什麼事情感到疑惑，然後再跟孩子一起思考解決的方法。

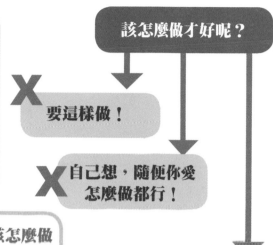

支持孩子的專長和興趣

如果只是把焦點放在孩子不擅長的地方，往往會忽略孩子的專長。不妨去發掘孩子的專長，讓孩子的興趣得以發展。

在稱讚中成長

能夠獲得他人的肯定，正是進步不可或缺的動力。

這個地方你已經會了。

你很努力喔！

具體的稱讚

當孩子有進步的時候，要給予具體的稱讚。記住不要只注重成果，也要慰勞孩子努力的過程。

好好加油！

很在行！

受到稱讚會轉成燃料

俗語說：「愛好生巧匠」。不過，光靠喜歡的感覺是難以維持興趣的。一定要獲得他人的肯定和稱讚，才會轉變成積極向上的動力。

有興趣！

努力去發掘優點

家長要知道孩子的優點在哪裡，有哪些地方進步了。如果父母沒有用心去發覺的話，就無法有技巧地稱讚孩子。

肯定成果 創造良性的循環

一旦孩子在學校出現明顯的學習遲緩現象，家長往往會把重心放在幫助孩子克服棘手或不會的學科。

通常學習障礙的孩子不乏有被責罵或鼓勵的經驗，但是卻很少有被人稱讚的經驗。因此，家長不妨把焦點放在孩子的興趣或專長，適時地給予稱讚，培養孩子的自信或自尊心。因為「嗜好」往往可以成為孩子學習的動力。

當孩子提出他的興趣，或是主動說想要學某樣東西時，父母在確認孩子的心意之後，應該盡量給予支持。肯定孩子的成果或進步，一起分享孩子的喜悅。

要慎重分辨：該停止，還是繼續下去？

當孩子想中斷學習的事物時，父母應該要跟孩子好好商量。

這一次的放棄也許是下一次開始的轉機

像這樣跟孩子好好地聊一聊，或許會是一種轉機，可以讓孩子思考自己眞正想做的到底是什麼。同時這也是一個寶貴的機會，讓孩子可以學習如何向他人解說自己的心情。

不要感情用事

要冷靜地跟孩子聊，不要太過於感情用事。不要只想要說服孩子，也要聽聽孩子內心的想法。彼此共同思考出解決的對策。

爲什麼要放棄？
要如何善用到
目前爲止的成果？
會不會太可惜了啊？
結果還是不行嗎？
X
是不是還有
其他想學的東西？
這眞的是你認眞考慮
過所得到的結論嗎？

仔細傾聽孩子的心聲

家長應該仔細確認，爲什麼孩子會想要放棄呢？是因爲沒興趣了，還是因爲人際關係有問題呢？應該聽聽孩子的理由。

就算想要放棄 也要仔細確認

畢竟孩子也是因為有興趣才去學的，因此當孩子提出他想要放棄學習的時候，父母應該仔細確認孩子的心意。

父母當然有必要說服孩子繼續學下去，不過，也應該聽聽孩子想要放棄的理由是什麼。最好經過彼此好好商量之後，再做決定。

拉攏周圍

利用身邊的人或家長會打造人際網路

有學習障礙孩子的家長，很容易視學校爲畏途。
但人際網路系統，是提供更好支援不可或缺的情報來源。

把人際連結轉變成一股力量

如果家長老是害怕被別人問到孩子的問題，對情況是沒有任何幫助的。為了讓孩子能夠得到更好的支援，倒不如讓大家都了解孩子的狀況，創造一個網路連結系統。

家 長

導 師

- 關於孩子在校的情形可以找老師商量
- 透過老師與其他同學的家長溝通

關於孩子的學業，家長最好先跟老師取得共識。除此之外，透過老師還可以讓班上其他同學的家長，對學習障礙的孩子有所理解。

家 人

分享日常生活的資訊

有不少家庭都是由媽媽獨自一人擔當育兒的重擔。因此，不妨跟家人一起分享孩子平常的生活狀況。

朋 友

可以喘口氣或聊心事

如果有朋友可以傾吐心事或煩惱，家長也可以讓人稍微喘口氣。

同 學

透過同學了解孩子在學校的情況

一旦孩子長大之後，家長想要了解他在學校的情況或是人際關係，可能就會比較困難。在這種情況下，有很多事都要透過孩子的同學了解。

抱著姑且一試的心態反而比較順利

剛開始或許很辛苦，不過，抱著姑且一試的心態，跟老師或周遭的人溝通看看，或許會有意想不到的結果。如此一來，既可以了解孩子在學校的情形和人際關係等，同時也可以獲得許多相關的資訊。

大家立場相同更容易取得資訊

參加當地的學習障礙家長會，也是一個不錯的方式。除了可以了解學習障礙的基本知識之外，還可以獲得當地的一些資源，像是學習障礙的相關醫療院所或諮詢中心等。

除此之外，有些家長會也有設置交流的場地，這些場所可以讓家長彼此交換心得和意見。同時也可以讓同樣是學習障礙的孩子結交到有相同經歷的朋友。

多利用家長會

在各地都有很多學習障礙的家長會，提供許多有關學習障礙的資訊。

孩子今天也表現的不錯！
家長之間……
可以交換彼此的意見，或是一些教育資源的相關資訊。
小孩之間……
同樣都是學習障礙的孩子，彼此相知相惜。

全國的學習障礙家長會

不妨多多利用在全國各地成立的一些學習障礙家長組織，透過這些機構可以得到許多學習障礙相關的基本知識，像是醫療機構、諮詢中心、學習障礙協會／學會等。

關於學習障礙的支援仍在發展中

對於學習障礙的相關理解，在社會福利的領域也才算剛剛起步而已。期望今後在提供就業或自立的支援體系能夠得以確立。

關於社會福利的狀況

以學習障礙為首的發展障礙所需要的社會福利，其實是有相當大的個人差異存在。就現階段而言，學習障礙的孩子所能利用的社會福利，其實仍然是在發展途中。

目前的支援制度有它的極限

在日本以往提供的教育或社會福利的補助，都是根據障礙的種類來決定的，像是「身心障礙手冊」等，但是對於像學習障礙等有發展障礙的人士，則尚未有一套完整的體系可以提供補助，台灣亦然。

殘障手冊

專門針對有聽障、視障、身體殘障的人士、或是內臟功能有受損的人，所提供的手冊。

身心障礙手冊

針對有心理方面的疾病，無法適應社會生活的人所提供的手冊。

早期療育手冊

針對智能方面有障礙的孩子所提供的手冊；不同地區可能會有不同的名稱。

以學習障礙爲對象的支援制度尚未確立

只要取得身心障礙手冊，不但可以減輕經濟方面的負擔，還有提供就業支援。但是，像學習障礙等有發展障礙的人士，則並不符合領取手冊的資格，所以目前還無法享有這些福利。

提供就業支援

根據日本「障礙者自立支援法」，不分障礙的種類，一律提供就業支援。相信學習障礙的孩子今後也可望成為支援的對象。

各鄉鎮公所負責的窗口　**就業輔導**

↓

審查、判斷

針對提出申請的人，進行資格的審查。除了由公所的職員負責之外，還可以找醫生或專家加入審查，決定所要提供的福利。

↓

關於就業和自立的服務主要有4項

自立訓練（機能訓練・生活訓練）

在一定的期間，給予身體機能或提升生活能力的必要訓練，讓他能夠早日適應社會生活，以及有日常生活的自理能力。

提供轉業支援

針對希望到一般企業就業的人士，在一定的期間提供必要的職業訓練。

提供繼續就業支援（雇用型・非雇用型）

針對到一般企業就業有困難的人士，除了提供工作的場所之外，同時提供必要的專業知識訓練。

利用地方活動的支援中心

提供具有創造性活動或生產活動的機會，或是能夠進行社會交流活動的一些設施。

社會方面的支援體系現在才剛要起步

在日本目前有三種手冊，提供給有身心障礙的人士使用。其中有些學習障礙的孩子也可以取得《早期療育手冊》。不過，嚴格說來，這三種手冊都不是針對學習障礙或注意力缺失過動症的孩子而設定的，所以很難享受到它所提供的社會福利。

根據不同的地區標準或提供服務的內容也不一樣

日本從二〇〇六年開始實施的「障礙者自立支援法」，開始不分障礙的種類，提供必要的服務。

至於詳細的服務內容或是對象的資格審查，則要向當地負責的窗口詢問，因為根據不同的市區鄉鎮公所，多少有些差異。

學習障礙在台灣

目前台灣的殘障福利法尚未將學習障礙列入殘障範圍，因此無法領取《殘障手冊》，尚待爭取。

今後的特別支援教育

援助的項目也有地域之差

日本從二〇〇七年開始實施「特別支援教育」，關於特別支援教育具體的營運方式，依照不同的自治團體，營運組織的相關名稱或資源班的指導方式，會有差異。目前的現狀是資源班老師的人數有明顯的不足。

其中有些自治團體也積極培訓負責特別支援教育的人員。其中一項就是利用學生當義工，輔助老師的「小團體教學」。除此之外，有些地區會聘請一些沒有教師資格的專業人員，接受當地或非政府組織一定的講習，以取得「學習支援人員」的認定，然後再依需要分派到學校。

在日本擁有指導學習障礙專業知識或技術的人員，經由日本學習障礙學會的認定後，稱為「特別支援教育師」（簡稱為S.E.N.S）

期待這些專業人員，今後能夠在特別支援教育上大展身手。

期待可以活用各種不同的職員

- **資源班教室的老師**
- **特別支援班級的老師**

專任、兼任的教職員等

- **特別支援教育師**
- **臨床心理醫生**
- **學校的輔導老師**

學習障礙指導的相關專家

- **特別支援教育的支援人員**
- **小團體教學的助理**

在當地或非政府組織接受一定的講習，兼任的職員。

在區域營造可以支援孩子的計畫

現在中學資源班教室的數量很少，所以急需要整備。此外，隨著少子化，中小學相繼進行合併或廢校，因此，如何充實資源班教室也是今後要面對的課題。

其中最受到矚目的想法就是「學校群」。讓鄰近的幾所學校形成一個「群體」。以A校設立社會技能教室，B校設立情緒教室的方式，讓每所學校的資源班教室都各具特色。

只要是隸屬同一群體的學校，學生在入學時可以自由選擇。這種方式可能就讀的學校會變得比較遠，不過卻可以在自己的學校上資源班的課，比起去其他的學校上資源班的課，對接送孩子的家長而言，可以減輕他們的一大負擔。

學校群的配合

一旦學校之間彼此的合作關係很順暢，就可以拓展各種合作的模式，像是讓擁有專業知識的指導員到各校巡迴指導等。

學校群體的活用方法有很多種，像是可以調整每一節課的時間，讓巡迴指導變得更加充實。
A校的學區
B校的學區
C校的學區

配合孩子的需求選擇學校

從自己學區的幾所學校中，挑選出其中的一所學校，可以配合孩子需求的重點指導

美國的學習障礙支援教育

學習障礙教育的先進國家

「學習障礙」這個名詞就是在美國誕生的。一九六三在美國的芝加哥，剛開始是由一群有學習困難孩子的家長和專家在聚會時所使用的名詞。之後便在美國的教育界被廣泛地使用。直到一九七五年學習障礙這個名詞得到法律的正式規定，同時也開始對學習障礙的孩子提供支援。

在美國是以州為單位，每州的因應措施都不太一樣。因此，會有若干地域上的差別。大致上，每所學校都有「資源班教室」、心理諮詢師，以及很多的專門的職員。如今在全美國接受支援教育的孩子比例，約占全部就學兒童的12％左右。其中學習障礙的孩子就佔了五成七。

美國學習障礙孩子人數變化

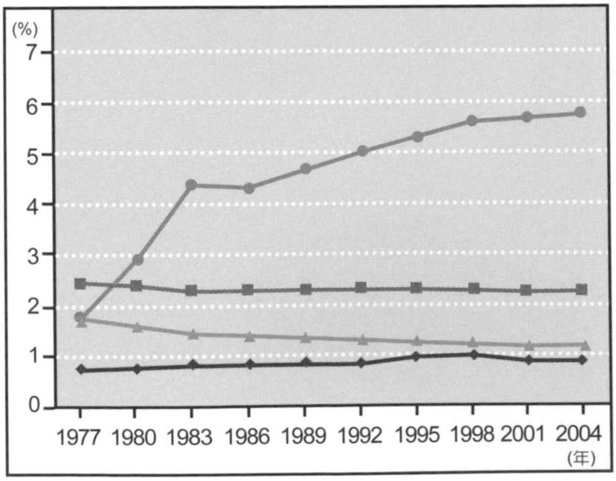
(%)
7
6
5
4
3
2
1
0
1977
1980
1983
1986
1989
1992
1995
1998
2001
2004
(年)

在美國隨著學習障礙概念的普及化，在校園內學習障礙孩子的人數也有急遽增加的趨勢。

學習障礙的孩子過去都是在醫療診所接受治療，如今則漸漸改由在學校提出因應的措施，這種現象稱爲「從診所到教室」。

附錄

LD相關資源

網路相關資源，

相關協會／學會

大專院校特教中心

網路上的資訊與資源

ADHD注意力不足過動症資訊網
http://www.adhd.club.tw/

教育部特殊教育通報網
https://www.set.edu.tw/

全國特殊教育資訊網
http://www.spc.ntnu.edu.tw/site

有愛無礙Family
http://www.dale.nhcue.edu.tw/

身心障礙學生職業教育資源網站
http://www.cter.edu.tw/

阿寶的天空-國教署特教網路中心
https://www.aide.edu.tw/

輔導機構與聯絡資訊

中華民國學習障礙協會

電話：02-2736-0297、02-2736-4062
E-mail：ocd00229@ms36.hinet.net
地址：臺北市和平東路三段36號11樓
http：//ald.daleweb.org/

臺灣學障學會

電話：049-2912151轉2012、0918-671-035
E-mail：taldadm@gmail.com
地址：高雄市苓雅區和平一路116號
（國立高雄師範大學特殊教育中心內）
http：//140.127.41.73/TALD/

臺灣赤子心過動症協會總會

電話：02-2736-1386
E-mail：adhd@ms45.hinet.net
地址：臺北市和平東路三段391巷20弄27號
http：//www.adhd.org.tw/

高雄市注意力缺陷過動症協會

電話：07-251-2291
E-mail：khadhd@ms45.hinet.net
地址：高雄市前金區前金二街5號
http：//khadhd.myweb.hinet.net/about.html

大專院校特教中心聯絡資訊

（資料來源：教育部特殊教育通報網）

北區

臺北教育大學

- (02)2732-1104
- 臺北市大安區和平東路二段134號

臺北大學

- (02)8674-1111
- 新北市三峽區大學路 151 號

臺灣師範大學

- (02)7734-1111
- 臺北市大安區和平東路一段162號

中原大學

- (03)265-9999
- 桃園市中壢區中北路200號

中區

新竹教育大學

- (03)521-3132
- 新竹市東區南大路521號

彰化師範大學

- (04)723-2105轉5552
- 彰化縣彰化市白沙山莊進德路1號

臺中教育大學

- (04)2218-3394
- 臺中市西區民生路140號

逢甲大學

- (04)2451-7250
- 臺中市西屯區文華路100號

大專院校特教中心聯絡資訊

（資料來源：教育部特殊教育通報網）

南區

嘉義大學
- (05)271-7957
- 嘉義市東區鹿寮里學府路300號

屏東大學
- (08)766-3800
- 屏東縣屏東市民生路4號之18

高雄師範大學
- (07)717-2930
- 高雄市苓雅區和平一路116號

臺南大學
- (06)213-3111
- 臺南市中西區樹林街二段33號

東部與外島

東華大學
- (03)863-5000
- 花蓮縣壽豐鄉大學路二段1號

宜蘭大學
- (03)935-7400
- 宜蘭縣宜蘭市神農路一段1號

臺東大學
- (089)318-855
- 臺東縣臺東市大學路二段369號

澎湖科技大學
- (06)926-4115
- 澎湖縣馬公市六合路300號

每天玩10分・效果100分

透過遊戲訓練，提升孩子專注力，為他的學習之路提早奠定好基礎！

99遊戲書系列

(適玩年齡5歲以上)

專業推薦

姜忠信
政治大學心理學系教授

黃暉庭
財團法人臺安醫院院長

張學岭
臺灣兒童青少年
精神醫學會常務監事

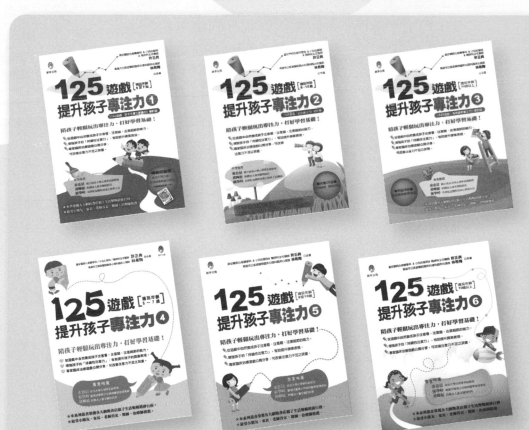

圖解「心智圖」教你如何快速記憶

「**心智圖**」是利用一種神奇的記憶法，教你如何增強記憶力。你很快就會發現自己花在學習上的時間變少了，而有更多的時間進行有趣的事物。

作者**東尼．博贊**是世界知名的心智圖發明者，也是世界記憶錦標賽的創辦人。他的作品已翻譯成30種不同文字，在100個國家發行。這次我們邀請到由英國唯一授權核可的台灣分支機構「台灣博贊中心」講師 — 陳資璧老師，同時，也是東尼的學生，來傳授這門神奇的記憶法，過去幾年陳老師輔導過無數的孩子，他們皆運用心智圖法提升思考力及學習力，你也想像他們一樣，甚至比他們更棒嗎？看看這本書，你也可以快速記憶，擁有好成績。

平裝 / 17*23 c
全彩印刷 /128
定價 320 元

平裝 / 17*23 cm
全彩印刷 /128 頁
定價 320 元

聽／說／讀／寫／算／推理 暢銷修訂版

圖解學習障礙(LD)有效提升孩子學習力

LD(学習障害)のすべてがわかる本

監　　修｜上野一彥
專業審訂｜蔡明富
譯　　者｜蕭照芳
內文插畫｜植木美江
編輯協力｜Office201
選　　書｜林小鈴
企劃編輯｜蔡意琪

行銷經理｜王維君
業務經理｜羅越華
總 編 輯｜林小鈴

總 行 人｜何飛鵬
出　　版｜新手父母出版・城邦文化事業股份有限公司
臺北市中山區民生東路二段141號8樓
電話：02-2500-7008　傳真：02-2502-7676
E-mail：bwp.service@cite.com.tw
發　　行｜英屬蓋曼群島商家庭傳媒股份有限公司城邦分公司
臺北市中山區民生東路二段141號11樓
書虫客服服務專線：02-2500-7718；02-2500-7719
24小時傳真專線：02-2500-1990；02-2500-1991
服務時間：週一至週五上午09:30～12:00；下午13:30～17:00
讀者服務信箱：service@readingclub.com.tw
劃撥帳號｜19863813（戶名：書虫股份有限公司）
香港發行｜城邦（香港）出版集團有限公司
香港灣仔駱克道193號東超商業中心1樓
電話：852-2508-6231　傳真：852-2578-9337
電郵：hkcite@biznetvigator.com
馬新發行｜城邦（馬新）出版集團 Cite(M) Sdn. Bhd.
41, Jalan Radin Anum, Bandar Baru Sri Petaling,
57000 Kuala Lumpur, Malaysia.
電話：603-9057-8822　傳真：603-9057-6622

封面設計｜劉麗雪
內頁排版｜鍾如娟、李喬葳
製版印刷｜卡樂彩色製版印刷有限公司

2009年04月28日初版
2020年09月15日暢銷修訂版
2023年11月16日暢銷修訂版2.2刷

定　　價｜360元
ＩＳＢＮ｜978-986-6616-22-8
Ｅ Ａ Ｎ｜471-770-210-761-1

國家圖書館出版品預行編目資料

圖解學習障礙有效提升孩子學習力/
上野一彥著；蕭照芳譯. -- 初版. --
臺北市：新手父母，城邦文化出版：
家庭傳媒城邦分公司發行, 2009.04
　公分. -- (好家教系列；SH0062)
ISBN 978-986-6616-22-8(平裝)
1. 學習障礙 2. 特殊教育 3. 親職教育
529.69
98003717

城邦讀書花園
www.cite.com.tw

Printed in Taiwan

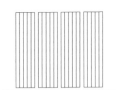

廣　告　回　信
台灣北區郵政管理局登記證
北台字第10158號
免　貼　郵　票

104　台北市民生東路二段 141 號 8 樓

城邦文化事業（股）公司
新手父母出版社

地址

姓名

請沿虛線摺下裝訂，謝謝！

新手父母

書號：SH0062Y

新手父母出版　讀者回函卡

新手父母出版，以專業的出版選題，提供新手父母各種正確和完善的教養新知。為了提昇服務品質及更瞭解您的需要，請您詳細填寫本卡各欄寄回（免付郵資），我們將不定期寄上城邦出版集團最新的出版資訊，並可參加本公司舉辦的親子座談、演講及讀書會等各類活 。

1. 您購買的書名：________________
2. 您的基本資料：
   姓名：________________（□小姐 □先生）生日：民國___年___月___日
   郵件地址：________________
   聯絡電話：________________
   E-mail：________________ □有小孩_____個（_____歲）□尚無小孩
3. 您從何處購買本書：__________縣市__________書店
   □書展 □郵購 □其他________________
4. 您的教育程度：
   1.□碩士及以上 2.□大專 3.□高中 4.□國中及以下
5. 您的職業：
   1.□學生 2.□軍警 3.□公教 4.□資訊業 5.□金融業 6.□大眾傳播 7.□服務業
   8.□自由業 9.□銷售業 10.□製造業 11.□食品相關行業 12.□其他__________
6. 您習慣以何種方式購書：
   1.□書店 2.□網路書店 3.□書展 4.□量販店 5.□劃撥 6.□其他__________
7. 您從何處得知本書出版：
   1.□書店 2.□網路書店 3.□報紙 4.□雜誌 5.□廣播 6.□朋友推薦
   7.□其他__________
8. 您對本書的評價（請填代號 1非常滿意 2滿意 3尚可 4再改進）
   書名______ 內容______ 封面設計______ 版面編排______ 具實用性 ______
9. 您希望知道哪些類型的新書出版訊息：
   1.□懷孕專書 2.□0~6 歲教育專書 3.□0~6 歲養育專書
   4.□知識性童書 5.□兒童英語學習 6.□故事 童書
   7.□親子遊戲學習 8.□其他
10. 您通常多久購買一次親子教養書籍：
    1.□一個月 2.□二個月 3.□半年 4.□不定期
11. 您已買了新手父母其他書籍：
    ____
    ____
12. 您對我們的建議：
    ____
    ____
    ____